Gemüse-Bibel

saisonal, regional, frisch – das Gemüse-Kochbuch mit 88 Rezepten

1. Auflage

Verena Boeheim

Inhaltsübersicht

Vorwort

Ich gehöre zu jenen Menschen, die ihr Handwerk – in meinem Fall die Gastronomie und Hotellerie – von der Pike auf gelernt haben. Meine Eltern hatten ein Gasthaus im Schwarzwald und am Wochenende habe ich in der Küche geholfen – Schnitzel paniert, Pommes Frites in die Fritteuse gekippt, Gemüse gewaschen und geschnitten, Salate vorbereitet, Besteck und Geschirr abgetrocknet. Dazwischen hat mir mein Vater alle Arbeitsschritte und Geräte in seiner Küche erklärt, mich in die Geheimnisse von selbst angebautem Gemüse und Kräutern eingeweiht, mir seine Rezepte erklärt und gezeigt wie man ein Karree auslöst.

Daraus resultiert meine Leidenschaft für das Kochen und das Essen.

Mein Weg hat mich nach der Ausbildung in eine internationale Karriere im Bereich Marketing & Sales in den Branchen Hotellerie und Gesundheitswesen geführt.

Ende der Neunziger Jahre – am Höhepunkt meiner Berufskarriere - wurde bei einer Routineuntersuchung eine Autoimmunerkrankung festgestellt. Diese Diagnose hat von einem Tag auf den anderen mein gesamtes Leben auf den Kopf gestellt.

In den letzten zwanzig Jahren habe ich mich intensiv mit meiner Autoimmunerkrankung, meinem Körper, meiner Gesundheit, meinem Lebensstil und ganz besonders mit meiner Ernährung auseinandergesetzt. Daneben absolvierte ich ein berufsbegleitendes Diplom-Studium in Österreich und schließlich die Ausbildung zum Certified Holistic Health Coach am Institute for Integrative Nutrition in New York.

Während dieser Zeit habe ich meine Leidenschaft für das Kochen und das Essen wiederentdeckt. Dabei ist dieses Kochbuch entstanden.

Ich wünsche Ihnen viel Freude damit.

Herzlichst,

Mag. (FH) Verena Boeheim
Certified Holistic Health Coach

Einleitung

Kochen und Ernährung haben heute einen anderen Stellenwert als noch vor einigen Jahren. Eine Art Achtsamkeit hat sich in das Bewusstsein für Essen und Mahlzeiten verfestigt. Wir wissen, dass das Ergebnis der Zubereitung abhängig ist von den Zutaten. Mit minderwertigen Zutaten lassen sich keine hochwertigen Gerichte kochen. Hochwertige Lebensmittel setzen ein verantwortungsbewusstes Einkaufen voraus. Diese Verantwortung schließt das Wissen darüber ein, wo die Lebensmittel herkommen und wie sie produziert wurden. Wird Gemüse zum Beispiel mit Pflanzenschutzmittel behandelt, so ist dies ein Eingriff in die natürlichen Abläufe der Natur. Wir leben in einer Zeit, in der wir besonders schnell lernen, dass unsere Eingriffe in die Natur Konsequenzen haben. Jedoch wird uns auch bewusst, dass jeder Einzelne mit kleinen Veränderungen einen Beitrag für unseren Lebensraum leisten kann. Mit regionalem Gemüse leisten wir gleichzeitig einen großen Beitrag für unsere Gesundheit und unterstützen unseren Körper mit einem vernünftigen Maß an Vitaminen und Nährstoffen.

Viele Gemüsesorten sind in Vergessenheit geraten und haben den Ruf, nicht Figur freundlich zu sein. Häufig ist jedoch nicht das Gemüse schuld an dieser negativen Behaftung, sondern die Gerichte, die daraus zubereitet wurden. Eintöpfe mit fettem Fleisch und Wurst, das zudem sehr preiswert sein musste, um möglichst viele Personen sattzubekommen, standen auf dem Tisch. Schweinebauch auf Steckrüben, stundenlang gekocht, ist ein gehaltvolles Essen, das in der heutigen Zeit mit großem Entsetzen betrachtet wird. Mit den kalorienreichen Eintöpfen sind noch andere haushaltsspezifische Gewohnheiten eingeschlafen. Zum einen das Planen von Mahlzeiten und das Zubereiten für Mahlzeiten, die auch am nächsten Tag gegessen werden.

Es wird kaum noch für 2 Tage gekocht. Dabei kann eine Suppe, die zum Abendessen gekocht wird, auch noch ein leckeres Mittagsessen am nächsten Tag im Büro sein. Die Mahlzeiten wurden für die Woche geplant, ein entsprechender Einkaufszettel geschrieben und 1-2 Mal die Woche wurden Lebensmittel gekauft. Meist am Markttag. War am Montag Waschtag, so wurde das Sonntagsessen in einer Menge zubereitet, dass am Montag noch genug da war. Die Lebensmittel hatten einen hohen Stellenwert und selten wurde etwas entsorgt, was nicht verdorben war.

Natürlich lässt sich diese Form der Haushaltsführung nicht auf die heutige Zeit und die Ansprüche an eine moderne Gesellschaft übertragen. Die Prioritäten haben sich verschoben und Gepflogenheiten aus früheren Zeiten sind nicht mit dem Leben zu vereinbaren, das wir führen und mit dem wir glücklich sind. Schon das Wort „Haushaltsführung“ stellt bei uns die Nackenhaare auf. Aber betrachten wir einmal die Vorteile des Lebensstils früherer Generationen und werfen einen Blick auf das Zeitmanagement, so war nicht alles schlecht. Hand aufs Herz:

wer hetzt nicht nach Feierabend durch den Supermarkt und kauft spontan noch ein, was für ein schnelles Abendessen benötigt wird? Das Mittagessen kam vielleicht aus der Kantine, es liegt schon lange zurück und hat den Tagesbedarf an Kalorien gedeckt. Die Vitaminbilanz fällt wahrscheinlich gering aus. Man entscheidet sich also, am Abend nur einen Salat zu essen. Schnell ist der Korb gefüllt mit viel zu vielen Zutaten, von denen viele nach wenigen Tagen entsorgt werden.

Eine Umstellung dieser Gewohnheiten und eine Überarbeitung des Speiseplans kommen nicht nur dem Körper zugute, sondern auch dem Geldbeutel. Und statt Zeit im Supermarkt zu verschenken und gestresst nach Hause zu kommen, lässt sich mit guter Planung viel Zeit einsparen und trotzdem eine ausgewogene Ernährung zu sich nehmen.

Die Verachtung für Rüben, Kohl und regionale Produkte hat zu einer logischen Entwicklung geführt. Ohne Nachfrage haben viele Produzenten sich auf die wenigen Lebensmittel konzentriert, für die der Bedarf da ist. Um die Nachfrage zu erfüllen, hat die landwirtschaftliche Industrie auf Monokulturen gesetzt und entgegen der Natur gehandelt. Gewächshäuser und Importware verlängern die eigentliche Saison und laufend neue Züchtungen machen den Gemüsemarkt zu einer Erlebniswelt. Dabei ist das, was wir ursprünglich auf unseren Feldern ernten, ausreichend, um abwechslungsreich, gesund und schnell zu kochen. Saisonale Produkte, die bis zum Verkauf reifen dürfen, bringen so viel eigenes Aroma mit, dass nur wenige zusätzliche Zutaten benötigt werden.

Der steigende Wunsch nach regionalen Produkten und alten Gemüsesorten zeigt eine deutliche Veränderung in der Landwirtschaft. So bieten zahlreiche Produzenten ihre Produkte im Direktvertrieb an. Hofläden haben genau das, was jahreszeitlich auf den Feldern wächst. Mit den Rüben kommt auch das Wissen um Landwirtschaft im Einklang mit der Natur zurück.

Von einem Anbau in Balance mit der Umwelt profitieren wir alle. Auf Wochenmärkten finden sich schon immer Erzeuger aus der Region, die Obst, Gemüse und Blumen über den kurzen Weg verkaufen. Verbraucher profitieren in mehrfacher Hinsicht von diesem Angebot. Nur die Lebensmittel zu kaufen, die benötigt werden ist genau die Verantwortung, die Lebensmittel verdienen. Kaufe ich dort, wo etwas anwächst, so kann ich Fragen stellen und bekomme darauf tatsächlich Antworten.

Ernährung ist heute kompliziert geworden. Es fehlt die Leichtigkeit. Täglich erleben wir eine Reizüberflutung mit neuen Ideen, Superfoods und dem ultimativen Gesundheits- und Schlankheitsrezept. Wir zählen Kalorien, unterscheiden gute und schlechte Fette oder verzichten vollständig auf Fett. Sport hat einen hohen Stellenwert und liefert regelmäßig neue Trends. Wir probieren viel aus, machen alles mit und geraten dabei selber schnell aus dem Gleichgewicht. Wir sind uns alle einig, dass Fleischverzicht gut ist, greifen aber gern zu industriell gefertigten Ersatzprodukten, die an ein Schnitzel erinnern. Untersuchungen zeigen, dass viele Verbraucher mit einem Schnitzel positive Erinnerungen an die Kindheit verbinden.

Essen kann folglich für glückliche Momente sorgen. Kann das der am Abend schnell zusammengeschnittene Salat auch? Eher nicht. Hier ist das Essen Mittel zum Zweck oder es ist Gewohnheit. Die überladenden Büfetts in einer Kantine verführen zum Zugreifen und zum unüberlegten Essen. Bei unseren Großeltern waren Fleischkonsum und der Nachtisch dem Wochenende vorbehalten. In der Regel wurde am Sonntag ein Schokoladenpudding mit einer Vanillesoße gekocht. In der Kantine wählen wir täglich zwischen verschiedenen Desserts und wissen oft nicht, was sich in den bunten Schälchen verbirgt. Viele Kantinenköche denken mittlerweile um, dennoch wäre es eine Revolution die Currywurst von der Karte zu nehmen. Wir Essen nach Uhrzeit und nicht mehr nach Hunger und Appetit.

Eine cremige Suppe wärmt an kalten Tagen. Der Duft, wenn der Deckel vom Topf genommen wird. Eine Schale mit Suppe in den Händen wärmt Körper und Seele. Suppe kann Glücksmomente schaffen. Wenn wir uns dieses Bild vorstellen, können wir uns den Moment der Entschleunigung vorstellen. Jetzt machen Kartoffeln und Rüben natürlich nicht glücklich. Aber die Einheit, die geschaffen wird, aus einem bewussten Einkauf und dem guten Gefühl seinem Körper wertvolle Lebensmittel zuzuführen, schafft Wohlbefinden. Das sind Momente, die uns in der heutigen Zeit erden und helfen verantwortungsbewusst mit unserer Umwelt umzugehen.

Sich auf eine Küche mit traditionellen und heimischen Gemüsesorten einzulassen, setzt Spaß am Kochen und die Neugier auf die Produkte voraus. Wenn ihr Tischpartner in Aussicht auf Kohl und Rote Beete skeptisch die Stirn runzelt, sollten Sie mit raffinierten Rezepten und kulinarischen Überraschungen argumentieren. Nehmen Sie sich die Zeit und lassen Sie sich von der Auswahl auf dem Markt verführen. Wenn im Herbst das Angebot von den strahlenden Farben der Kürbisse bestimmt wird, steigt die Lust auf das Kochen. Im Frühjahr nimmt täglich die Auswahl an zarten Gemüsesorten zu, so dass die Entscheidung schwerfällt.

Eine Übersicht der regionalen Gemüsesorten zeigt eine alphabetische Anordnung der Produkte. Im Saisonkalender sind die Erntezeiten aufgeführt, in denen das Gemüse hauptsächlich auf den Markt kommt. Hier kann es regionale Unterschiede geben, je nachdem, wann der Frühling in Ihrer Region ankommt und wie ausdauernd der Sommer ist. Einige Gemüsesorten sind durch geschickte Lagerung fast ganzjährig erhältlich. Für eine gute Zeitplanung ist eine organisierte Vorratshaltung nützlich. Die richtige Lagerung von Gemüsesorten hat große Auswirkungen auf die Frische und den Nährstoffgehalt. Einige Zutaten sollten dennoch vorhanden sein. Gutes Salz und frisch gemahlener Pfeffer runden den Geschmack ab. Frische Kräuter liefern viel Geschmack und verringern den Einsatz von Salz. Selbstgemachte Kräuter- und Gemüsesalze zaubern schnell eine Gemüsebrühe. Und auch an dieser Stelle noch einmal der Hinweis auf gute Öle. Öle sind Fette, ja, aber sie sind auch Lieferanten für viele Vitamine und helfen dem Körper Vitamine besser aufzunehmen. Besonders Öle, die reich an Omega-3-Fettsäuren sind, sind wertvoll für den Körper. Bei vielen Rezepten wird Olivenöl verwendet. Dies kann jedoch auch gegen ein anderes hochwertiges Öl ausgetauscht werden. Rapsöl ist eine gute Alternative. Sonnenblumenöl überzeugt dadurch, dass es geschmacksneutral ist.

Letztlich ist die Entscheidung für oder gegen ein Öl sehr individuell und sollte sich nach dem eigenen Geschmack richten. Sparsam hingegen kann Butter und Sahne verwendet werden. Ein guter Pürierstab macht den Zusatz von Sahne oft überflüssig, da das Gemüse eine feine Cremigkeit mitbringt und als regionales Produkt auf Geschmacksschmeichler verzichten kann.

Sollten Sie neben Spaß am Kochen zusätzlich über einen grünen Daumen verfügen, so wird es für Sie eine Freude sein, Kräuter selber zu ziehen. Kräuter sind relativ pflegeleicht und mit einem Platz auf der Fensterbank zufrieden. Sie schmecken frisch am besten und mit einer Auswahl an Kräutern bringen Sie Abwechslung in die Gerichte.

Markt-Saisonkalender für Gemüse

Wochenmärkte und Hofläden haben ein Angebot, das sich an den Jahreszeiten orientiert. Natürlich müssen auch Direktvermarkter versuchen, die Saison einer Gemüsesorte möglichst lange auszudehnen. Wintergemüsesorten haben von Natur aus eine besonders gute Lagerfähigkeit und sind häufig über die Saison hinaus in guter Qualität auf dem Markt verfügbar. Der Kalender zeigt die Zeiten, in denen das Gemüse aus regionalem Anbau hauptsächlich geerntet und erntefrisch gehandelt wird. Günstige oder nicht optimale Wetterbedingungen können die Saison verschieben. Die Spargelernte ist ein gutes Beispiel dafür. Kaum ein anderes Gemüse ist derart stark von den Temperaturen im Frühjahr abhängig wie die edlen Stangen.

Januar

Champignons, Chicorée, Chinakohl, Feldsalat, Grünkohl, Pastinaken, Petersilienwurzel, Rosenkohl, Schwarzwurzel, Steckrüben

Februar

Champignons, Chicorée, Chinakohl, Feldsalat, Grünkohl, Petersilienwurzel, Rosenkohl, Schwarzwurzel, Steckrüben

März

Blattspinat, Champignons, Feldsalat, Rhabarber

April

Blattspinat, Champignons, Frühlingszwiebeln, Rhabarber, Spargel

Mai

Blattspinat, Champignons, Chinakohl, Eisbergsalat, Frühlingszwiebeln, Karotten, Kartoffeln, Kohlrabi, Mairübe, Radicchio, Radieschen, Rhabarber, Romanesco, Rucola, Spargel, Spitzkohl

Juni

Blumenkohl, Brokkoli, Bohnen, Champignons, Chinakohl, Eisbergsalat, Erbsen, Frühlingszwiebeln, Gurken, Karotten, Kartoffeln, Kohlrabi, Lauch, Mangold, Radicchio, Radieschen, Rhabarber, Romanesco, Rucola, Rotkohl, Salate, Spargel, Spitzkohl, Weißkohl, Zwiebeln

Juli

Blumenkohl, Brokkoli, Bohnen, Champignons, Chinakohl, Eisbergsalat, Erbsen, Frühlingszwiebeln, Gurken, Karotten, Kartoffeln, Kohlrabi, Lauch, Mangold, Paprika, Radicchio, Radieschen, Romanesco, Rotkohl, Rucola, Salate, Sellerie, Tomate, Weißkohl, Zucchini, Zwiebeln

August

Blumenkohl, Brokkoli, Bohnen, Champignons, Chinakohl, Eisbergsalat, Erbsen, Fenchel, Frühlingszwiebeln, Gurken, Karotten, Kartoffeln, Kohlrabi, Kürbis, Lauch, Mangold, Paprika, Radicchio, Romanesco, Rosenkohl, Rotkohl, Rucola, Salate, Sellerie, Tomaten, Waldpilze, Weißkohl, Zucchini, Zwiebeln

September

Blattspinat, Blumenkohl, Brokkoli, Champignons, Chinakohl, Chicorée, Eisbergsalat, Feldsalat, Fenchel, Frühlingszwiebeln, Karotten, Kartoffeln, Kohlrabi, Kürbis, Lauch, Mangold, Paprika, Romanesco, Rote Beete, Rotkohl, Rucola, Salate, Sellerie, Spitzkohl, Tomaten, Topinambur, Waldpilze, Weißkohl, Wirsing, Zucchini, Zwiebeln

Oktober

Blattspinat, Blumenkohl, Brokkoli, Champignons, Chinakohl, Chicorée, Feldsalat, Fenchel, Grünkohl, Kohlrabi, Kürbis, Pastinaken, Rosenkohl, Rote Beete, Rotkohl, Rucola, Schwarzwurzel, Sellerie, Spitzkohl, Topinambur, Waldpilze, Weißkohl, Wirsing, Zwiebeln

November

Champignons, Chicorée, Chinakohl, Feldsalat, Fenchel, Grünkohl, Pastinaken, Petersilienwurzel, Rosenkohl, Rote Beete, Rotkohl, Schwarzwurzel, Sellerie, Steckrüben, Topinambur, Wirsing

Dezember

Blumenkohl, Champignons, Chicorée, Chinakohl, Feldsalat, Grünkohl, Pastinaken, Petersilienwurzel, Rosenkohl, Schwarzwurzel, Steckrüben

Regionales Gemüse von A-Z

Blumenkohl

Blumenkohl hat seinen Ursprung in Asien, findet aber in Europa sehr gute Anbaubedingungen. Der weiße Kohlkopf gehört zu den beliebtesten Gemüsesorten. Den Kohl gibt es in violetter und gelblicher Variation. Blumenkohl ist reich an Vitamin C, Magnesium und Kalzium.

100 g enthalten ca. 25 Kcal.

Bohnen

Hinter dem Begriff Bohne Fisole verbergen sich unterschiedliche Sorten von Stangen- und Buschbohnen. Gemeinsam haben die Sorten, dass alle mit Schote zubereitet werden und die Kerne nicht mitgegessen werden. Grüne Bohnen enthalten im rohen Zustand Lektine und sollten nur gekocht gegessen werden. Bohnen haben einen hohen Eiweiß- und Ballaststoffgehalt. Daneben sind Bohnen gute Lieferanten für Vitamin B2, B6, Beta-Carotin und den Mineralstoffen Kalzium, Kalium und Magnesium.

100 g enthalten ca. 25 Kcal.

Brokkoli

Brokkoli ist der grüne Kohl am Stiel. Der Kohl ist besonders mild und bekömmlich und gehört zu den beliebtesten Gemüsesorten in unseren Küchen. Brokkoli kann für zahlreiche Mahlzeiten verwendet werden und neben der bekannten grünen Sorte gibt es eine violette Varietät. Das Gemüse zaubert die Mineralstoffe Kalium, Kalzium, Phosphor, Eisen, Zink und Natrium auf den Teller, ist reich an Vitamin A und C und beinhaltet ein großes Spektrum an B-Vitaminen.

100 g enthalten ca. 43 Kcal.

Champignons

Champignons sind das ganze Jahr über in sehr guter Qualität erhältlich. Champignons sind Zuchtpilze und wachsen in klimatisierten Pilzfarmen. Neben weißen Pilzen gibt es braune und rosafarbene Varietäten. Champignons sind reich an den Vitaminen K, D und E und einem Spektrum der B-Vitamine. Neben Eisen liefern die Pilze Kalium und Zink.

100 g enthalten ca. 24 Kcal.

Chicorée

Chicorée ist der Spross der Zichorienwurzel. Ihn gibt es im Handel mit grünen und roten Blättern. Das leicht bitterere Gemüse wächst im Dunkeln und ist reich an Kalium, Folsäure und Zink. Chicorée liefert die Vitamine A, B und C sowie Inulin. Inulin ist ein Ballaststoff, der die Darmflora unterstützt und für eine lange Sättigung sorgt.

100 g enthalten ca. 16 Kcal.

Chinakohl

Chinakohl hat hellgrüne Blätter und einen besonders milden Geschmack. Der Kohl ist gut geeignet für die Zubereitung von Rohkost und Salaten. Chinakohl liefert sekundäre Pflanzenstoffe, B-Vitamine und das Vitamin E. Zusätzlich stecken Senföle, Kalium und Eisen in den knackigen Blättern.

100 g enthalten ca. 13 Kcal.

Eisbergsalat

Eisbergsalat gehört zum Blattgemüse und ist eine sehr beliebte Salatzutat. Der Salat bleibt lange knackig und passt aufgrund seines dezenten Eigengeschmacks zu vielen Zutaten. Eisbergsalat liefert ein ausgewogenes Vitamin- und Nährstoffverhältnis: Vitamin C, B-Vita- mine und Folsäure.

100 g enthalten ca. 13 Kcal.

Erbsen

Frische grüne Erbsen gibt es nur im Sommer. Von den angebauten Sorten kommen die Markerbsen mit Schote auf den Markt. Palerbsen werden zu Trockenware verarbeitet. Erbsen sind süßlich und haben einen sehr hohen Eiweißgehalt. Aufgrund der Aminosäuren-Kombination ist das Eiweiß für den menschlichen Körper besonders wertvoll. Für Vegetarier sind Erbsen wichtige Lieferanten für Proteine, den Vitaminen der B-Gruppe sowie den Mineralstoffen Magnesium, Kalzium, Magnesium und Zink.

100 g enthalten ca. 82 Kcal.

Feldsalat

Feldsalat wird auch Ackersalat oder Rapunzel genannt. Die grünen Blättchen liefern in den Wintermonaten neben den Mineralstoffen Kalzium, Phosphor und Jod Vitamin A, Vitamin C, Eisen und Folsäure. Feldsalat kommt häufig sandig auf den Markt und erfordert sorgfältiges Abspülen. Die Blätter harmonieren gleichermaßen mit süßen und herzhaften Armen und sind eine gute Smoothie-Zutat.

100 g enthalten ca. 14 Kcal.

Fenchel

Das Charakteristische der Fenchelknolle ist der Anis-Duft, der dem Gemüse aufgrund von ätherischen Ölen entströmt. Die ätherischen Öle machen Fenchel zu einem bekömmlichen Gemüse, das eine positive Wirkung bei Unwohlsein des Magens ausübt. Zusätzlich beinhaltet die milde Knolle Vitamin C, Eisen, Provitamin A und Kalium.

100 g enthalten ca. 19 Kcal.

Grünkohl

Grünkohl ist eine Kohlsorte, die schon die Römer zu schätzen wussten und die den Sprung in die moderne Küche geschafft hat. Kurze Garzeiten kommen den krausen Blättern mit ihrem hohen Vitamin-C-Gehalt entgegen. Grünkohl ist ein guter Lieferant für Eisen, Vitamin A, Kalzium und Kalium.

100 g enthalten ca. 49 Kcal.

Gurken

Gurken bestehen zu 95 % aus Wasser und sind besonders im Sommer zusätzliche Flüssigkeitslieferanten. Durch den hohen Wasseranteil ist der Vitamingehalt im Vergleich zu anderen Gemüsesorten gering. Vitamin C und B-Vitamine stecken in der Schale, die möglichst immer mitverzehrt werden sollte. Ein guter Ballaststoffgehalt und Antioxidantien machen Gurken zu einer gesunden Knabberei.

100 g enthalten ca. 14 Kcal.

Kartoffeln

Kartoffeln stecken voller Kohlenhydrate und geraten in der modernen Küche daher schnell ins Abseits. Dabei liefern Kartoffeln bei der richtigen Zubereitung Vitamin C, B-Vitamine, Kalium, Kalzium und Magnesium. Kartoffeln sind von Natur aus fettarm und im Vergleich zu Reis und Nudeln kalorienarm. Die Sortenauswahl ist groß und bietet eine große Geschmacksvielfalt.

100 g enthalten ca. 70 Kcal.

Kohlrabi

Die kleinen Knollen gehören zu den beliebtesten Kohlarten. Auf dem Markt gibt es die Knollen in Grün, Rosa und Violett. Das Kohlaroma steigt mit der Farbintensität. Wie alle Kohlarten steckt Kohlrabi voller Vitamine der B-Gruppe und ist reich an Vitamin C. Vor allem enthalten die Blätter viele Vitamine. Die jungen Blattansätze können mitverzehrt werden. Kohlrabi kann roh gegessen werden. Kleine Knollen sind saftiger und zarter, große Knollen neigen zum Verholzen.

100 g enthalten ca. 27 Kcal.

Kürbis

Kürbisse gehören zu den Lieblingen im Herbst. Die Sortenauswahl ist groß und die Zubereitungsarten des festen Kürbisfleischs vielfältig. Die intensive Farbe weißt auf einen guten Vitamin- und Nährstoffgehalt hin. Kürbisfleisch ist reich an Beta-Karotin, Vitamin C, Kalium, Kalzium und Magnesium. Kürbis ist ein säurearmes Gemüse und sehr bekömmlich.

100 g enthalten ca. 38 Kcal, je nach Sorte.

Lauch

Lauch oder Porree wird aufgrund seiner Würze als Zutat in Soßen und Suppen geschätzt. Auf dem Markt gibt es Sommer- und Winterlauch, die sich besonders durch den grünen Anteil unterscheiden. Winterlauch hat meist mehr Grün, das auch deutlich härter ist als bei der sommerlichen Variante. Lauch ist reich an Vitamin E, B1, B6 und C. Zudem enthält Lauch das geruchsintensive Allicin, ein Antioxidans, das einen guten Einfluss auf die Abwehrreaktionen des Körpers hat.

100 g enthalten ca. 24 Kcal.

Lauchzwiebeln oder Frühlingszwiebeln

Lauchzwiebeln sind eine Variante der Speisezwiebel. Die Zwiebel bildet jedoch keine Knolle, sondern die charakteristischen grünen Röhren aus. Lauchzwiebeln sind milder im Geschmack als Haushaltszwiebeln, sind aber gleichermaßen gehaltvoll an ätherischen Ölen und sekundären Pflanzenstoffen. Verwendet werden können, außer dem Wurzelansatz, alle Pflanzenteile. Frühlingszwiebeln sind reich an Vitamin B, C und E, Kalium und Kalzium, Eisen und Beta-Carotin.

100 g enthalten ca. 32 Kcal.

Mairübe

Mairüben werden auch Navetten genannt. Die Knollen sind der essbare Wurzelteil einer Gemüsepflanze. Der Geschmack erinnert an milde Radieschen. Die Rübenart kann vollständig verzehrt werden, lediglich als Rohkost sollte die Schale entfernt werden. Das Grün der Rübe kann wie Spinat zubereitet werden. Mairüben liefern wertvolles Eiweiß, Vitamin C, B-Vitamine, Kalium und Kalzium.

100 g enthalten ca. 26 Kcal.

Mangold

Mangold wird häufig als Krautstiel bezeichnet. Auf dem Markt fällt Mangold durch die Farbenvielfalt seiner Stiele auf. Von Gelb bis zu einem intensiven Violett reicht die Skala. Mangold wird oft mit Spinat verglichen und die Zubereitungsarten ähneln sich. Mangold liefert eine beeindruckende Kombination aus Eisen und Vitamin C, aber auch Beta-Karotin, B-Vitamine, Folsäure, Kalium und Kalzium.

100 g enthalten ca. 14 Kcal.

Möhren

Möhre, Karotte oder einfach Wurzel, die Bezeichnung für das orangefarbene Gemüse ist vielfältig. Alte Sorten haben eine Färbung in einem sehr dunklen Violett, sind hellgelb oder weiß. Karotten sind ein zuverlässiger Lieferant für Beta-Carotin, der Vorstufe zu Vitamin A und einigen B-Vitaminen. Das Gemüse kann roh und mit Schale verzehrt werden. Möhren-kraut hat einen würzigen Geschmack und beinhaltet ebenfalls viele Vitamine. Das Grün kann wie Petersilie verwendet werden. 100 g enthalten ca. 41 Kcal.

Paprikaschoten

Paprikaschoten gibt es in drei gängigen Farben: Grün, Gelb, Rot und gelegentlich in Orange. Bei grünen Schoten sind die Farbstoffe noch nicht vollständig ausgereift und der Geschmack ist etwas herber. Rote und gelbe Schoten sind etwas fruchtiger. Paprika zeichnen sich durch einen hohen Vitamin C-Gehalt aus. Zusätzlich versorgen die Schoten den Körper mit Flavonoiden, Carotinoiden, Kalium, Magnesium und Kalzium.

100 g enthalten ca. 40 Kcal.

Pastinaken

Die Pastinake gehört zu den Wurzelgemüsen und hat einen milden nussigen Geschmack. Das Fleisch ist weich und gut für Suppen und Pürees geeignet. Das Kraut ähnelt der Petersilie und kann als Würzmittel eingesetzt werden. Das Wurzelgemüse liefert sättigende Kohlenhydrate, hat kein Fett, dafür wertvolle B-Vitamine, Vitamin K und C und Kalzium.

100 g enthalten ca. 22 Kcal.

Petersilienwurzeln

In der Petersilienwurzel setzt sich das Aroma des beliebten Krauts fort und liefert ein aromareiches Gemüse. Petersilienwurzeln sind eine beliebte Zutat für Brühen, Cremesuppen und Pürees. Die Wurzeln und Blätter können roh als Salatzutat verwendet werden. Petersilienwurzeln liefern viel Vitamin C und haben ein ausgewogenes Verhältnis aller anderen Vitamine. Das Nährstoffangebot ist in der Wurzel breitgefächert, wobei Kalium hier besonders hervorsticht.

100 g enthalten ca. 40 Kcal.

Radicchio

Radicchio gehört wie Chicorée zur Gattung der Zichorien. Der kleine rote Kopf erinnert stärker an Salat, hat im Aroma aber ähnlich bittere Noten. Verantwortlich dafür ist der Bitterstoff Intybin, der sich positiv auf die Verdauungsvorgänge im Körper auswirkt. Die meisten Bitterstoffe befinden sich in den Rispen des Blatts. Radicchio kann roh im Salat, aber auch als Gemüse zubereitet werden. Hervorzuheben sind der Vitamin C-Gehalt und das enthaltene Beta-Carotin.

100 g enthalten ca. 15 Kcal.

Radieschen

Radieschen sind kleine Rettiche und neben der bekannten roten Sorte gibt es die Knollen auch in Weiß, Gelb, Pink und Violett. In den kleinen Gemüsepaketen steckt die geballte Power von Kalium, Eisen und Vitamin K und C. Senföle sorgen für Schärfe und zeigen den positiven Einfluss auf die Abwehrmechanismen des Körpers.

100 g enthalten ca. 15 Kcal.

Rhabarber

Rhabarber gehört zu den Gemüsesorten und ist vielseitig kombinierbar. Eher bekannt als Süßspeise harmoniert Rhabarber jedoch auch sehr gut mit herzhaften Gerichten. Die frische Marktzeit ist kurz. Am 24. Juni ist die Erntezeit. Der ohnehin schon hohe Gehalt an Oxalsäure steigt nach diesem Tag noch mehr an und macht das Gemüse ungenießbar. Zwischen Mai und Ende Juni bringen die grünen und roten Stangen Kalium, Kalzium, Magnesium und Eisen sowie die Vitamine A und B1 auf den Speiseplan.

100 g enthalten ca. 21 Kcal.

Romanesco

Der grüne Kopf mit seinen besonderen Blütenknospen erinnert an Blumenkohl. Mit seinem auffälligen Äußeren ist Romanesco zwischen dem hellen Blumenkohl und grünen Brokkoli einzuordnen. Die Vitamine A, C und Karotin stecken in dem zarten Kraftpaket, das gleichzeitig ein guter Lieferant für Kalium, Kalzium und sekundäre Pflanzenstoffe ist.

100 g enthalten ca. 22 Kcal.

Rosenkohl

Rosenkohl bildet die kleinsten Kohlköpfe aus und gehört zu den Wintergemüsen. Mit seinem leicht nussigen Geschmack und seiner Würze ist er ein beliebter Begleiter in Gemüsesuppen oder im Auflauf. Rosenkohl enthält etliche Vitamine und Mineralstoffe. Mit Vitamin C, B-Vitaminen, Zink, Eisen und Kalium gehört die Kohlart zu den nährstoffreichsten Kohl-sorten.

100 g enthalten ca. 43 Kcal.

Rote Beete

Neben der roten Knolle liegen oft die weißen, gelben und rot-weiß-geringelten Schwestern in den Auslagen der Bauernmärkte. Beete-Kugeln haben einen ursprünglichen und leicht erdigen Geschmack. Der Name der gesunden Kugel stammt vom Antioxidans Betanin, das für die rote Färbung verantwortlich ist. Zusätzlich liefert das Gemüse Folsäure, Eisen, Kalium, Magnesium, Zink, Vitamin B und C, pflanzliches Eiweiß und Ballaststoffe.

100 g enthalten ca. 40 Kcal.

Rotkohl

Rotkohl kann viel mehr, als eine Beilage zu sein. Als Rohkost oder kurz gedünstet ist die rote Kohlsorte ein guter Unterstützer des Immunsystems. In erster Linie liefert Rotkohl die Vitamine C, E und K, verfügt aber über ein breites Spektrum an Vitaminen, sodass mit Rotkohl eine solide Grundversorgung gesichert ist.

100 g enthalten ca. 22 Kcal.

Rucola

Die länglichen Salatblätter erinnern an Löwenzahn. Tatsächlich galt Rucola oder Rauke lange als Wildkraut und hat erst in den letzten Jahren den Sprung in die Gemüseküche geschafft. Geschmacklich hat Rucola Nuancen von Kresse und Walnüssen und ist eine beliebte Zutat in Salaten, Würzsoßen und Smoothies. Auf dem Markt wird Rucola häufig im Bund angeboten und kann vollständig verarbeitet werden. Rucola hat viel Vitamin C, das, in Kombination mit den Senfölen, unsere Immunabwehr unterstützt. Neben viel pflanzlichem Eiweiß versorgt das Blattgemüse den Körper mit Folsäure, Betacarotin und Mineralstoffen wie Magnesium und Eisen.

100 g enthalten ca. 28 Kcal.

Schwarzwurzeln

Unter den schwarzen Schalen verbirgt sich ein zartes weißes Fleisch, das an den Geschmack von Spargel erinnert. Milder als Spargel, etwas nussig und würzig werden Schwarzwurzeln auch als Winterspargel bezeichnet. Schwarzwurzeln enthalten Kalium, Eisen, die Vitamine B1 und E, sowie Folsäure.

100 g enthalten ca. 54 Kcal.

Sellerie

Knollensellerie ist ein Wurzelgemüse. Verwendet werden können die Knolle und das Grün. Das Fruchtfleisch ist eher weich und gut geeignet für cremige Suppen und Pürees. Die knorrige Wurzel hat einen würzigen und leicht herben Geschmack. Knollensellerie verdankt sein Aroma dem hohen Anteil an ätherischen Ölen, die das Gemüse neben dem Gehalt an Kalzium, Eisen, Vitamin C und Vitaminen der B-Gruppe zu einem wertvollen Lebensmittel macht.

100 g enthalten ca. 19 Kcal.

Spargel

Spargel ist ein typisches Frühlingsgemüse, das auf einen kurzen Erntezeitraum beschränkt ist. Auf dem Markt werden weiße und grüne Stangen angeboten. Das Gemüse hat einen hohen Wasseranteil und liefert dabei Asparagin, ein namensgebendes Eiweiß, und Kalium. Spargel ist reich an Folsäure und verschiedenen B-Vitaminen. Der Gehalt an Vitamin C und Vitamin A ist in den grünen Stangen etwas höher als in der weißen Variante.

100 g enthalten ca. 18 Kcal.

Spinat

Spinat hat eine Saison im Frühjahr und eine im Herbst/Winter. Der erste Spinat hat zarte Blätter und ein helles Grün. Die Blätter können vollständig verzehrt werden. Die späte Ernte ist deutlich dunkler und hat dickere Blattstiele. Die Blätter sind eher kraus. Beim Winterspinat kann der Nitrat-Gehalt in den Blattstielen hoch sein. Daher sollten hier nur die Blätter verwendet werden. Spinat ist reich an den Vitaminen der B-Gruppe sowie Vitamin C, hat einen hohen Beta-Carotin-Gehalt und versorgt den Körper zudem mit den Mineralstoffen Kalium, Kalzium, Magnesium und Eisen.

100 g enthalten ca. 23 Kcal.

Spitzkohl

Der kegelförmige Kohlkopf ist eine Variante des Weißkohls. Spitzkohl kommt im Frühjahr und im Herbst auf den Markt und ist im Gegensatz zum Kugelkohl nicht lagerfähig. Vitamin C und Zink sind gut für das Immunsystem. Die zarten Blätter sind ballaststoffreich und liefern eine gute Portion an sekundären Pflanzenstoffen.

100 g enthalten ca. 26 Kcal.

Steckrüben

Die Rüben sind ein typisches Wintergemüse und standen lange Zeit nicht auf den Speiseplänen der modernen Küche. Zu Unrecht, denn neben Kohlenhydraten enthalten Steckrüben größere Mengen an Vitamin C, Beta-Carotin und Kalzium. Steckrüben sind vielseitig. Das süße Fruchtfleisch passt in Eintöpfe, Puffer, Pürees und kann als Rohkost in den Salat geraspelt werden.

100 g enthalten ca. 30 Kcal.

Tomaten

Die überwiegend roten Tomaten reifen über den Sommer. Die Sortenvielfalt ist sehr groß. Neben roten Tomaten wächst das Angebot bei gelben und violetten Tomaten. Tomaten sind vollständig verzehrbar, lediglich der Stielansatz sollte herausgeschnitten werden. Die Tomate besitzt eine große Menge Vitamin C, zahlreiche B-Vitamine, Eisen und Folsäure.

100 g enthalten ca. 18 Kcal.

Topinambur-Knolle

Die nahrhafte Knolle ist mit der Sonnenblume verwandt und wird häufig mit Kartoffeln verglichen. Das Fleisch der Knolle ist knackig, fruchtig und schmeckt leicht süß. Topinambur können roh verzehrt, gebraten oder gekocht werden. Topinambur-Knollen enthalten viele wichtige Inhaltsstoffe wie Carotin, Kalium, die Vitamine B1, B2, B6, C, D, und Biotin.

100 g enthalten ca. 30 Kcal.

Waldpilze

Pilze gehören botanisch nicht zum Gemüse, sondern bilden eine eigene Gruppe. In der Küchenbotanik werden Pilze zum Gemüse gezählt. Um in den Genuss von Waldpilzen zu kommen, kann sich der Koch selbst auf die Suche machen oder er hält auf dem Markt Ausschau. Pfifferlinge und Maronen werden hier im Herbst frisch angeboten. Pilze enthalten Kalium, Phosphor, Kupfer und Selen, ebenso auch Magnesium, Eisen und Zink, allerdings in geringeren Mengen.

100 g enthalten ca. 19 Kcal.

Weißkohl

Weißkohl ist ein kompakter Kopfkohl. Die bekannteste Zubereitung ist die Fermentierung, bei der aus Weißkohl Sauerkraut wird. Sauerkraut ist ein wichtiger Lieferant des Vitamins B12. Frischer Kohl enthält viel Vitamin C, Vitamin E und Vitamin K sowie die Mineralstoffe Kalzium, Kalium, Magnesium und Phosphor.

100 g enthalten ca. 25 Kcal.

Zucchini

Zucchini sind mit dem Kürbis verwandt. Am bekanntesten ist das Gemüse mit grüner Schale. Gelbe Sorten und diese mit zweifarbigen Schalen sind auf Bauernmärkten zu finden. Das Gemüse verfügt über einen geringen Eigengeschmack und ist daher ein Alleskönner in der Küche. Zucchini passen sich jeder Gemüsesorte an und harmonieren mit allen Kräutern und Gewürzen. Die kalorienarmen Zucchini enthalten Kalzium, Eisen und Beta-Carotin.

100 g enthalten ca. 20 Kcal.

Zwiebeln

Die Auswahl an Zwiebeln ist groß. Neben den bekannten gelben Sorten gibt es milde rote und weiße Zwiebeln. Die kleinen und feinen Schalotten gehören ebenso zu dieser großen Gruppe wie Gemüsezwiebeln. Zwiebeln sind die Verfeinerer in der Küche, sie würzen und bringen Aroma ins Essen. Inhaltlich überzeugen Zwiebeln mit Vitamin C und Antioxidantien.

100 g enthalten ca. 33 Kcal.

Vorteile von regionalem Gemüse

Die Begriffe „Klimaschutz" und „ökologischer Fußabdruck" beziehen sich auf viele Bereiche in unserem Alltag. Umweltbewusstsein schließt die Nachhaltigkeit in der Küche ein. Lange haben wir mit großer Selbstverständlichkeit Erdbeeren zur Weihnachtszeit in den Regalen der Supermärkte wahrgenommen. Die ganzjährige Vielfalt in den Obst- und Gemüseabteilungen hat eine schlechte Umweltbilanz. Importiertes Gemüse hat in der Regel eine weite Reise hinter sich. Gemüse aus dem Mittelmeerraum wird häufig mit dem LKW an den Zielort gebracht. Leicht verderbliche Gemüsesorten werden geflogen. Das Gemüse ist dann zwar nur wenige Tage unterwegs, der Verbrauch von Diesel und Kerosin ist allerdings enorm hoch.

Frische Lebensmittel müssen stabil verpackt werden, damit empfindliche Gemüsesorten auf der Tour durch die Welt nicht beschädigt werden. Die Produktion von Plastikverpackungen verursacht ebenfalls CO2, nicht zu vergessen die Müllabfuhr und das Recycling.

Regional steht für kurze Wege. Wichtig ist, dass die regionalen Produkte tatsächlich in der Nähe des Wohnorts angebaut werden. Kurze Transportwege und minimale Verpackungen schonen die Umwelt und sorgen für eine gute Ökobilanz. Auf Wochen- und Bauernmärkten wird das Gemüse in der Regel ohne zusätzliche Verpackung verkauft. Im eigenen Korb oder in Taschen werden die Einkäufe umweltfreundlich nach Hause transportiert.

Gemüse, das bis zur vollständigen Reife wachsen darf, kann in aller Ruhe Nährstoffe und Vitamine bilden. Das Aroma dieses Gemüses ist intensiv. Nach der Ernte verlieren viele Gemüsesorten schnell ihre Vitamine. Supermarktware mit einem weiten Weg wird häufig geerntet, bevor der optimale Reifezeitpunkt erreicht wurde. Verbraucher merken das am Aroma und damit am Geschmack. Der Nährstoffgehalt ist je nach Dauer zwischen Ernte und Verkauf entsprechend niedriger.

Einkaufen beim Erzeuger in der Nähe stärkt die Region nicht nur wirtschaftlich. Es hilft, eine landwirtschaftliche Struktur zu erhalten, von der die Erzeuger leben können. Immer wieder geht ein Stöhnen durch die Agrarwirte, wenn wieder einmal die Milchpreise sinken und Bauern weniger Geld pro Liter erhalten, als es kostet, den Liter Milch zu produzieren. Es ist vielen Betrieben kaum möglich, unter diesen Bedingungen eine gute Qualität in den Handel zu bringen. Der Verbraucher hat es in der Hand diese Situation zu verändern. Mit dem Kauf von hochwertigen Lebensmitteln, die geschmackvoll und gesund sind, unterstützen Verbraucher Betriebe der Region.

Beim Besuch eines Hofladens fällt auf, dass es häufig ein breites Angebot gibt. Neben frischen Waren gibt es Marmeladen, manchmal Fleisch, Wurstwaren und Käseprodukte. Auf Bauernmärkten ist das Angebot ebenfalls breitgefächert. Und hier hat der Verbraucher den

Vorteil, dass die Erzeuger auf einem Platz zusammenkommen und weite Einkaufswege entfallen.

Sich mit regionalen Gemüsesorten zu befassen, bedeutet auch, die inneren Werte kennenzulernen. Und da gibt es häufig Überraschungen. Viele Gemüsesorten stecken voller Vitamine und Mineralstoffe. Sie liefern dem Körper wichtige Bausteine, wie sekundäre Pflanzenstoffe, und balancieren die Körperabläufe aus. Wie groß der Stellenwert von Fleisch in der Ernährung ist, muss jeder für sich entscheiden. Vegetarier haben keine mangelernährten Körper. Fleisch liefert dem Körper Eiweiß, Eisen und das wichtige Vitamin B12. Erbsen, Rote Beete und Eier liefern das auch. Fleisch erzeugt bei der Produktion sehr viel mehr CO2 als Gemüse. Den Fleischkonsum zu reduzieren und durch Gemüse aus regionalem Anbau zu ersetzen, verbessert die CO2-Bilanz eines jeden einzelnen.

Einkaufsratgeber

Mit welchen Zutaten der Einkaufskorb bestückt wird, ist keine leichte Entscheidung. Die regionale Gemüseküche setzt auf einfache Zutaten und viele Rezepte haben eine überschaubare Zutatenliste. Eine Ernährung, die abwechslungsreich ist, macht Spaß und bietet unserem Körper einen guten Querschnitt durch Vitamine und Mineralstoffe. Und genauso sollte der Einkauf sein – einfach und abwechslungsreich. Mit einem soliden Wissen entwickelt sich ein Gespür für die Qualität von Lebensmitteln.

Gemüse muss frisch sein. Welkes Gemüse hat wenig Geschmack und einen Teil der Vitamine abgebaut. Ein sicheres Anzeichen für die Frische ist das Kraut. Ist es noch frisch, so liegt die Ernte noch nicht weit zurück. Die Augen sind beim Einkaufen ein wichtiges Sinnesorgan. Eine Faustregel sagt: je dunkler ein Gemüse ist, desto gesünder ist ein Gemüse. Brokkoli und Rote Beete haben unter diesem Aspekt einen Vorteil gegenüber dem Eisberg-salat. Bei langer oder falscher Lagerung verliert das Gemüse an Farbe. Brokkoli wird z. B. gelb und kommt in diesem Zustand nicht mehr in den Korb. Möhren werden weich und biegsam und sind in diesem Zustand nur noch eine Suppenzutat. Schärfen Sie ihre Sinne und mit der Zeit entwickeln Sie ein Gespür für gute Zutaten.

Die Entscheidung, ob Sie zu Produkten aus biologischem Anbau greifen, ist eine ganz individuelle. Unabhängig von der Anbauform darf Gemüse Grenzwerte bezüglich der Belastung mit Pestiziden nicht überschreiten. Vor der Zubereitung sollte jede Gemüsesorte gründlich gewaschen oder geschält werden. Damit erreichen Sie schon eine ganze Menge, um mögliche Gesundheitsbelastungen zu reduzieren. Produkte aus biologischer Landwirtschaft haben oft ein höheres Preisniveau als konventionell produzierte Lebensmittel. Wieviel Verbraucher für Lebensmittel ausgeben möchten, liegt an jedem einzelnen. Ein gutes Produkt hat den Gegenwert, den es in der Herstellung erzeugt. Unabhängig vom Produkt ist es gut, wenn Erzeuger von ihrer Arbeit leben können. Bio-Produkte können beim Einkaufen ein gutes Gefühl hervorrufen. Dieses Gefühl basiert auf der Grundlage, dass man etwas für sich selbst tut und gleichzeitig die Umwelt im Blick hat. Kritiker äußern sich oft negativ hinsichtlich der Nachweisbarkeit und der tatsächlichen Wirkung hinsichtlich von Bio-Gemüse.

Glücklich kann sich jeder schätzen, der einen Gemüsehändler hat, der offen mit seinem Hof und seinen Produkten umgeht. Viele Höfe laden Kunden ein, sich umzuschauen und einen Blick über die Schulter des Landwirtes zu werfen. Nehmen Sie dieses Angebot gern an und lernen Sie die Produkte schon auf dem Feld kennen.

Beim Einkauf auf dem Markt kaufen Sie übrigens nur das ein, was Sie auch tragen können. Anders als im Supermarkt, in dem die oft viel zu großen Einkaufswagen mit mehr Lebensmitteln gefüllt werden, als vorher eingeplant war. Viele dieser Lebensmittel werden am Ende weggeworfen – leider.

Damit der Einkauf nicht der Dreh- und Angelpunkt des Alltags wird, ist eine gute Planung hilfreich. Der Einkauf von frischen Produkten ist zweimal in der Woche völlig ausreichend: einmal für vier Tage einkaufen, eventuell für die Woche, und einen separaten Wochenendeinkauf durchführen. Haltbare Produkte wie Öl, Mehl oder Trockenprodukte müssen nur einmal im Monat eingekauft werden, Milchprodukte je nach Haltbarkeit. Beobachten Sie einige Wochen, welche Produkte Sie in welchen Mengen immer im Haushalt verbrauchen und kaufen Sie das gezielt ein. Und um noch einmal einen Punkt aus der altmodischen Haushaltsführung aufzugreifen: eine Einkaufsliste in der Küche ist eine gute Gedächtnisstütze, um zu notieren, wenn Vorräte zur Neige gehen.

Richtige Lagerung von Gemüse

Damit das sorgfältig ausgewählte Gemüse bis zum Verbrauch seine Qualität behält, ist eine gute Lagerung wichtig. Vom Gefühl her scheint es richtig, alles zu kühlen. Doch wo ist der richtige Platz? Es gibt Kühlschränke mit verschiedenen Temperaturzonen. Die Luftfeuchtigkeit ist im Kühlschrank ebenfalls nicht gleichmäßig verteilt.

Die meisten Kühlschränke haben einen abgetrennten Gemüse-Bereich. Hier ist die Temperatur nicht so niedrig und die Luftfeuchtigkeit ist ideal für Gemüse. Spinat, Brokkoli, Rosenkohl, Kräuter und Gemüsesorten, die schnell welken, sind hier gut aufgehoben. Besonders empfindliche Gemüsesorten wie Spargel, Karotten und Bohnen sollten zusätzlich in ein feuchtes Tuch eingeschlagen werden.

Tomaten sollten kühl stehen, aber nicht im Kühlschrank aufbewahrt werden. Die Luftfeuchtigkeit sorgt für schnellen Schimmel. Und das Gemüse verliert schnell an Frische und Aroma. Tomaten fühlen sich in einer trockenen und luftigen Umgebung bei ca.12-16 °C wohl. Das Gleiche gilt für Salatgurken. Beide Gemüsesorten behalten an einem dunklen Ort ihre Qualität.

Kartoffeln, Kohlköpfe und Rüben kommen ohne Kühlschrank aus. Ein guter Platz ist ein dunkler und unbeheizter Keller oder, in der frostfreien Zeit, ein Platz im Gartenhaus. Greifen Sie bei Gemüse, das nicht sofort verbraucht wird, zu Produkten, an denen noch möglichst viel vom Gemüsebeet hängt. Sand- und Erdanhaftungen schützen das Gemüse vor dem Austrocknen.

Gemüse, das angeschnitten ist, gehört grundsätzlich in den Kühlschrank. Über die Schnittfläche können Keime das Gemüse schnell verderben. Offene Schnittflächen locken zudem Fruchtfliegen an, die sich hartnäckig halten.

Wie können Küchenabfälle reduziert werden?

Ein weiterer Aspekt im Umweltschutz ist die Vermeidung von Müll. Das beginnt damit, gezielt und nach Bedarf einzukaufen. Doch trotz sorgfältiger Planung kann es vorkommen, dass Gemüse nicht mehr die Qualität hat, um für ein leckeres Essen verwendet zu werden.

Ist das Gemüse nur etwas überreif und optisch nicht mehr appetitlich, kann es in den Mixer. Smoothies sind die pürierten Zwischenmahlzeiten, die aus Gemüse oder Früchten hergestellt werden. Es gibt viele Rezepte, die auf den ersten Blick ungewöhnlich sind, aber sich dann als überraschend geschmackvoll herausstellen. Hier verbindet sich Grünkohl mit Apfel oder Karotten mit Kefir. Ein Smoothie schmeckt auch mit Gemüse, das nicht mehr taufrisch ist. Smoothies sind sehr sättigend und, aufgrund ihrer Nährstoffdichte, ein sättigender Begleiter für unterwegs.

Beim Gemüseputzen werden Stängel und dicke Blattteile weggeschnitten. Kartoffeln, Wurzeln und Rüben werden geschält, äußere Blätter entfernt und das Kraut entsorgt. Während früher immer jemand in der Nachbarschaft Kaninchen oder Hühner hatte und diese Abfälle gern genommen hat, landet heute vieles im Müll. Ganz junge Karotten und Kartoffeln haben eine ganz feine und zarte Schale. Hier reicht das Abbürsten mit einer Gemüsebürste. Pellkartoffeln erzeugen weniger Müll als geschälte Kartoffeln. Brokkoli und Blumenkohl können sogar vollständig, mit Strunk verarbeitet werden. Zugegeben, das ist nicht jedermanns Geschmack, aber Blätter und Strunk können theoretisch mit in den Topf.

Das Kraut von Karotten oder Petersilienwurzeln ist sehr aromatisch. Fein gehackt und mit Salz bedeckt ergibt sich daraus Kräutersalz, das zum Würzen verwendet werden kann.

Eine Alternative ist die Zubereitung einer Gemüsebrühe aus den Abschnitten und Schalen, die beim Putzen anfallen. Die Schalen können jeweils für 2-3 Tage gesammelt werden.

Dann alles in einen Topf geben, eine zerkleinerte Zwiebel, etwas Salz und einige Pfefferkörner hinzufügen und mit Wasser bedecken. Die Gemüseabschnitte für ca. 60 Minuten sanft köcheln lassen, abgießen und in Gläser abfüllen. Die Gemüsebrühe bis zur Verwendung im Kühlschrank aufbewahren. In der Gemüseküche wird viel und gern mit Gemüsebrühe gewürzt und verfeinert, sodass es sich lohnt, immer einen Vorrat zur Hand zu haben. Für die ausgekochten Gemüsereste führt der Weg dann tatsächlich in die Mülltonne.

Besitzer eines Gartens mit einer Kompostiermöglichkeit können Gemüseabfälle selbst kompostieren und erhalten nährstoffreichen Kompost.

Küchenhelfer

Die Auswahl an Küchengeräten ist groß und unübersichtlich. Viele Helfer in der Küche sind sehr speziell und oft nur für wenige Gemüsesorten geeignet. Geräte, die das Raspeln und Rühren erleichtern, sind auf Haushalte mit vielen Personenzahlen ausgerichtet. Für den Einsatz in einem Zwei-Personen-Haushalt ergibt sich aus Nutzen und Reinigungsaufwand oft eine schwache Bilanz. Viele Küchengeräte tristen ein Dasein in

Schubladen und Schränken, manchmal sogar im Keller. Das Kochen eines Rezeptes scheitert dann oft an der Bequemlichkeit, die verhindert, das Gerät aufzubauen. Bei vielen Küchenmaschinen haben wir uns verführen lassen, ohne, dass wir die Funktionen benötigen. Die nachfolgenden Rezepte versuchen, mit den alltäglichen Arbeitsgeräten der Küche auszukommen.

Für die richtige Menge

Eine Küchenwaage mit Grammangabe ist wichtig. Praktisch ist eine Tare-Funktion, so können nacheinander alle Zutaten in einer Schüssel abgewogen werden. Ein Messbecher mit Skalen für unterschiedliche Lebensmittel kann den gleichen Zweck erfüllen. Ein Messbecher muss jedoch zwischen Mehl und Milch gespült werden.

Passend zugeschnitten

Sparschäler sind in der Gemüseküche nicht wegzudenken. Je nach Gemüseform eignet sich ein Sparschäler mit einer quer oder längs zum Schnitt liegenden Klinge. Ein Sparschäler ermöglicht das sparsame Abschälen von Schalen. In den Schalen des Gemüses und direkt darunter verbergen sich viele Vitamine und Mineralstoffe. Damit diese auch in den Körper gelangen, ist es wichtig, Schalen immer ganz dünn zu entfernen. Im Ergebnis reduziert sich der Müll und es bleibt mehr essbarer Teil erhalten.

Häufig hat jeder im Haushalt ein Lieblingsmesser. Ein Messer, das gut in der Hand liegt, macht Spaß und trägt zur Sicherheit bei. Schnitte an den Händen sind unangenehm und oft schmerzhaft.

Wichtig ist ein kleines Gemüsemesser. Die Klinge ist kurz und gebogen.

Ein Gemüsemesser eignet sich zum Pellen und schneiden von Zwiebeln und Knoblauch. Die gebogene Klinge erleichtert das Aushöhlen von weichen Gemüsesorten und das Putzen von Rosenkohl.

Härtere Gemüsesorten mit einer dickeren Schale benötigen längere Klingen.

Kürbisse und Kohlköpfe sind mit einem Gemüsemesser kaum noch zu bearbeiten. Leichter wird das Zerschneiden von festen Gemüsesorten, wenn die Klinge, neben einem guten Maß, auch Gewicht mitbringt.

Zu guten Messern gehört ein Wetzstahl oder ein Küchenhelfer, mit dem sich die Klingen regelmäßig schärfen lassen. Es klingt paradox, aber die meisten Küchenunfälle passieren mit einem stumpfen Messer. Um den Wert guter Messer zu erhalten, wird das Spülen per Hand empfohlen. In der Spülmaschine werden die Klingen stumpf und können durch andere Teile beschädigt werden.

Zum Schneiden gehört eine stabile Unterlage dazu. Ein schweres Brett aus Holz oder Kunststoff ist ideal. Die Wahl des Materials ist Geschmackssache. Beide Materialien sind für die Küchenhygiene geeignet.

Gemixt und püriert

Mit einem Pürierstab wird gekochtes Gemüse in wenigen Sekunden zu einer cremigen Suppe oder einem feinen Püree. Die Verwendung eines leistungsstarken Pürierstabs verringert die Kochzeit gegenüber einem Kartoffelstampfer, bei dem das Gemüse sehr weichgekocht werden muss. Je kürzer die Kochzeit, desto mehr Vitamine bleiben erhalten.

Viele Geräte haben einen Aufsatz zum Hacken. Die rotierende Klinge zerhackt Zwiebeln und Knoblauch in feine Stückchen. Zerkleinerer arbeiten mit kleinen Mengen nicht optimal. Das Gemüse wird beim Hacken stark gequetscht und die aromatischen Säfte treten aus.

Siebe mit feinem Einsatz sind gut geeignet, um ein Püree ohne Stückchen zu erhalten. Dazu wird die weichgekochte Masse durch das Sieb gestrichen. Für größere Mengen eignet sich eine „Flotte Lotte“. Die Lebensmittel werden mit einer Handkurbel durch ein Sieb gedreht und erhalten eine feine Konsistenz. In Haushalten, in denen Marmelade gekocht wird, ist vielleicht eine Passiermühle vorhanden.

Zum Mixen von Smoothies reicht ein Pürierstab. Komfortabler ist hier allerdings der Einsatz eines Standmixers. Die Mixaufsätze haben häufig eine Messskala und vereinfachen das Anmischen.

Reiben, Raspeln und Auspressen

Zum Zerkleinern von Gemüse eignen sich Handreiben mit unterschiedlichen Lochstärken. Küchenmaschinen haben als Zubehör ebenfalls Reiben und Raspeln. Es bleibt immer abzuwägen, ob sich der Einsatz einer Küchenmaschine lohnt. Kleine Mengen Gemüse sind schnell per Hand gerieben und der Abwasch beliebt überschaubar. Praktisch sind Vierkantreiben, die auf jeder Seite über eine andere Reibefläche verfügen. Oft ist ein Hobel dabei, der für sehr gleichmäßige Gemüsescheiben sorgt.

Zum Abreiben von Zitronenschale ist eine ganz feine Reibe gut geeignet. Zu große Schalenstücke lassen sich nicht einheitlich verteilen und hinterlassen im Mund ein ungutes Gefühl.

Für das Auspressen von Zitronen reichen eigentlich ein Messer und eine Hand. Der Nachteil an dieser Methode ist, dass viel Fruchtfleisch und auch Kerne mit ausgepresst werden. Mit einer Zitronenpresse wird ein höherer Saftanteil ausgepresst. Zitruspressen verfügen meist über einen Auffangbehälter und ein grobes Sieb, um die festen Bestandteile zurückzuhalten.

Rühren und Kneten

Neben vielen Neuerungen auf dem Markt der Küchengeräte gibt es eines, das sich seit Generationen bewährt hat – das Handmixgerät. Es ist klein und leicht zu verstauen. Zum Handmixer gehören Knethaken für die Zubereitung von Teig und Quirle, die für das Aufschlagen von Eischnee geeignet sind.

Für das Umrühren im Topf und das Verrühren von Marinaden eignen sich Schneebesen. Schneebesen aus Metall sind hitzebeständig, stabil und in vielen Größen erhältlich.

Schöpfen, Wenden und Pinseln

Zum Kochen und Servieren sind einige Küchengeräte unabdingbar. Dazu gehört eine Suppenkelle zum Portionieren von Suppen und Soßen oder eine Schaumkelle mit feinem Sieb. Der Wert einer Schaumkelle wird deutlich beim Abschöpfen von Gemüse, wenn der Fond noch weiterverarbeitet wird. Zum Wenden und Rühren in beschichteten Pfannen eignen sich Löffel und Heber aus Holz, die die Beschichtung nicht zerkratzen.

Das bewusste und sparsame Auftragen von Butter und Öl spart Fett und damit Kalorien. Dünn und gleichmäßig gelingt das Einfetten mit einem Küchenpinsel. Die haarigen Küchenhilfen sind in den Hintergrund gerückt, seit es Pinsel aus Silikon für den Küchenbedarf gibt. Silikonpinsel sind spülmaschinenfest und hygienisch.

Formen für den Backofen

Für die Zubereitung im Backofen sind zwei Arten von Backformen hilfreich. Unter anderem Formen zum Schmoren und Braten von Gemüse, in denen auch Aufläufe und Gratins zubereitet werden können. Egal ob aus Keramik, Glas oder Metall, die Formen müssen hitzebeständig sein. Alles andere ist abhängig von der Haushaltsgröße und dem persönlichen Geschmack.

Für die Zubereitung von Quiche und Tarte sind Backformen geeignet, die auch für Kuchen geeignet sind. Für die leichtere Entnahme ist die Entscheidung für eine Form mit herausnehmbarem Boden optimal. Die Gemüsekuchen lassen sich leicht aus der Form herausheben und können auf dem Boden zugeschnitten werden. Für Backwaren, die warm verzehrt werden, sind Formen aus Metall geeignet. In Silikonformen sollte das Backgut erst auskühlen, damit es sich leicht aus der Form löst. Für warme Gemüsekuchen ist der Aufwand bei den modernen Formen relativ hoch.

Töpfe und Pfannen

Töpfe und Pfannen gehören zum Standard in der Küche. Während vieles kann, sind diese Küchenhelfer ein Muss. Wie viele Töpfe zur Küchenausstattung gehören, ist eine ganz eigene Entscheidung. Einige Hobbyköche haben nicht mehr Töpfe als Herdstellen, einige möchten auf alle Situationen vorbereitet sein.

Ein ausreichend großer Topf, der für 500 g Pasta und einen Eintopf geeignet ist, sollte vorhanden sein, 1-2 Töpfe für kleine Gemüseportionen, ein Stieltopf für Soße und ein Schmortopf mit Deckel. Die Töpfe sollten passend zu den Herdstellen sein.

Pfannen mit einer Antihaftbeschichtung sparen Fett. Eine Grillpfanne ermöglicht die Zubereitung von Gemüse ohne weitere Fettzugabe. Eine Pfanne mit passendem Deckel eignet sich zum Dünsten mit ein wenig Wasser. Und eine eckige Pfanne ist gut für die Zubereitung von Stangengemüse, wie z. B. Spargel, geeignet.

Bürsten

In den Schalen von Gemüse stecken Großteile der Vitamine. Ganz nach persönlichem Geschmack kann bei vielen Gemüsesorten die Schale verzehrt werden. Bei Gemüse aus biologischem Anbau ist das Essen der Schale unbedenklich. Gemüse sollte vor der Zubereitung immer gründlich gewaschen werden. Hartnäckige Erdanhaftungen können mit Gemüse- bürsten entfernt werden. Effektiv gesäubert wird sogar Wurzelgemüse aus der Kombination aus lauwarmem Wasser und einer guten Gemüsebürste.

Abkürzungen

Bd.	Bund
EL	Esslöffel
g	Gramm
Kcal	Kalorien
kg	Kilogramm
l	Liter
ml	Milliliter
Pck.	Päckchen
TL	Teelöffel

FRÜHLING

Spitzkohlsuppe mit Zitronennote

Spitzkohl hat zwei Erntezeiten im Jahr. Im Frühjahr kommen zarte hellgrüne Köpfe auf den Markt. Im Herbst hat der Kohl ein intensiveres Aroma. Spitzkohl kann kaum gelagert werden und nur in den genannten Saisons mit seinem feinen Geschmack verführen.

Zubereitungszeit ca. 30 Minuten.

Zutaten für 2 Portionen:

200 g Spitzkohl
½ l Gemüsebrühe
50 g Langkornreis
2 Eier in Größe M
1 Zitrone in Bio-Qualität
100 ml Wasser
Salz und Pfeffer
1 EL Dillspitzen

Zubereitung:

1. Die Gemüsebrühe in einem Topf aufkochen und den Reis darin für ca. 15 Minuten garen. Eventuell etwas Salz in die Brühe geben.
2. In der Zwischenzeit den Spitzkohl halbieren, den Strunk entfernen und den Kohl in Streifen schneiden. Die Kohlstreifen ca. 3 Minuten vor Ende der Garzeit zu dem Reis geben.
3. Die Eier trennen und das Eiweiß mit einer Prise Salz steif schlagen. Die Eigelbe und das Wasser unter den Eischnee rühren.
4. 100 ml der Gemüsebrühe mit der Kelle abschöpfen.
5. Langsam und unter ständigem Rühren die Brühe zur Eischneemasse geben. Ziel ist es, die Temperaturen anzugleichen, ohne dass das Ei gerinnt. Die angewärmte Eimasse jetzt langsam wieder zum Reis geben. Hierbei ständig rühren. Die Suppe jetzt erwärmen, bis das Ei bindet. Dabei darf die Suppe nicht mehr kochen.
6. Die Zitrone auspressen. Die Suppe mit dem Zitronensaft, Pfeffer und Salz würzen und mit fein gehackten Dillspitzen garnieren.

Suppe von frischem Marktgemüse

Diese Suppe gibt es in vielen Regionen. Es scheint, dass nach dem langen Winter der Überfluss auf dem Markt so groß ist, dass eine Entscheidung schwerfällt. So gibt es diese Suppe mit frischem Frühlingsgemüse. Im norddeutschen Raum heißt die Suppe „Aalsuppe“, diese hat aber nichts mit dem Fisch zu tun. Der Name hat sich aus dem Plattdeutschen für „Alles drin“ entwickelt und das trifft dieses Gericht sehr gut. Es lohnt sich, gleich etwas mehr von der Suppe zu kochen und am nächsten Tag noch einmal das Gemüse zu genießen.

Zubereitungszeit: ca. 20 Minuten zuzüglich einer Kochzeit von ca. 60 Minuten.

Zutaten für 4 Portionen:

100 g Wachtelbohnen // 125 g Karotten // 150 g Lauch
½ Kopf Spitzkohl // 60 g Zucchini // 1 Kopf Brokkoli // ½ Kopf Blumenkohl
1 Zwiebel // 60 g Champignons // 3 EL Olivenöl // 1 Bd. Petersilie
1 ½ l selbstgekochte Gemüsebrühe // Salz und Pfeffer

Zubereitung:

1. Die Bohnen über Nacht in Wasser einweichen. Vor dem Kochen das Einweichwasser abgießen und die Bohnen in frischem Wasser für 40 Minuten kochen, Salz in das Wasser geben und die Bohnen für weitere 5 Minuten kochen. Die Bohnen abgießen und zur Seite stellen.
2. Das Gemüse, außer den Champignons, waschen, putzen und in mundgerechte und gleich große Stücke schneiden. Brokkoli und Blumenkohl in Röschen zerteilen. Den Spitzkohl in Streifen schneiden. Die Zwiebel pellen und fein würfeln. Das Olivenöl in einem großen Topf erhitzen und die Zwiebelwürfel darin glasig anschwitzen. Das Gemüse und die Bohnen nach und nach dazugeben und jeweils etwas anschwitzen.
3. Die Brühe angießen und das Gemüse für 10 Minuten köcheln. In der Zwischenzeit Champignons und Petersilie putzen. Die Pilze in feine Scheiben hobeln und die Petersilie streufähig hacken. Die Suppe mit Salz und Pfeffer abschmecken, auf die Teller geben und mit Champignons und Petersilie bestreuen.

Tipp:

Die Gemüsesorten in dieser Suppe sind austauschbar und können dem jeweiligen Angebot angepasst werden. Sehr lecker ist etwas frisch geriebener Käse, der vor dem Essen zart zerläuft. Zur Suppe passt ein frisches Brot.

Cremiges Rucola-Süppchen

Rucola ist weit mehr als ein Salat oder ein Pizza-Belag. Die herben Blätter, die an Löwenzahn erinnern, können die Basis für eine cremige Suppe sein.

Zubereitungszeit: 35 Minuten.

Zutaten für 2 Portionen:
100 g Rucola
600 ml Gemüsebrühe
1 kleine Zwiebel
100 g Sahne
1 Knoblauchzehe // Salz und Pfeffer // 1 EL Butter
Etwas frisch geriebene Muskatnuss

Zubereitung:

1. Die Zwiebel und den Knoblauch abziehen und fein hacken.
2. Den Rucola waschen, trocknen und grob hacken.
3. Die Butter in einem Topf erwärmen.
4. Zwiebel und Knoblauch darin anschwitzen.
5. Den Rucola hinzufügen und die Brühe angießen. Mit Salz, Pfeffer und etwas Muskatnuss würzen.
6. Die Suppe für ca. 5 Minuten kochen und mit einem Mixer fein pürieren.
7. Die Sahne angießen und noch einmal für wenige Minuten kochen lassen. Probieren und eventuell etwas nachwürzen.
8. Falls die Suppe zu dünnflüssig ist, etwas Frischkäse oder Sauerrahm unterheben.
9. Die Suppe in Schälchen servieren.

Tipp:

Die Suppe mit frischem Brot servieren.

Rübengemüse mit Spinatsoße

Rüben erinnern unweigerlich an die einfache Bauernküche ohne Raffinesse. Dabei haben die Rüben, die im Frühjahr als erstes den Markt erobern, ein feines Aroma, sind saftig und so knackig, dass sie sogar als Rohkostsalat sehr lecker sind. Zum Ende der Erntezeit haben viele Rüben einen holzigen Kern, so auch spätere Sorten

Zubereitungszeit ca. 20 Minuten.

Zutaten für 2 Portionen:

1 Kohlrabi mit Grün
3 Mairüben oder entsprechend Radieschen // 2-3 Karotten
150 g Spargel, weiß oder grün, nach Angebot
500 g junger Blattspinat
1 Zwiebel // 1 EL Öl
Etwas Gemüsebrühe und Sahne oder Crème fraîche
Einige Stiele Petersilie // Salz und Pfeffer
Etwas frisch geriebene Muskatnuss

Zubereitung:

1. Das Gemüse putzen. Kohlrabi und Mairüben schälen und in Stifte schneiden. Das Grün zur Seite legen.
2. Karotten abbürsten und in Scheiben schneiden. Spargel schälen und die unteren Enden abschneiden.
3. Wasser in einem Topf aufkochen und das Gemüse für ca. 15 Minuten bei geringer Hitze kochen lassen.
4. In der Zwischenzeit die Zwiebel pellen und fein hacken. Die Zwiebelwürfel in einer beschichteten Pfanne glasig schwitzen. Den Spinat waschen und trocknen und in die Pfanne geben. Die jungen Blätter fallen zusammen. Den Inhalt der Pfanne mit abgezupfter Petersilie, etwas Brühe, und nach Geschmack, mit etwas Crème fraîche zu einer Soße pürieren. Mit Salz, Pfeffer und Muskatnuss abschmecken.
5. Das zarte Blattgrün der Rüben fein hacken und, nach dem Abgießen des Gemüses, darüber streuen. Das Gemüse mit der Spinatsoße servieren.
6. Dazu passt ein frisches Brot.

Gratiniertes Frühlingsgemüse

Neue Kartoffeln, zarter Spargel und junges Gemüse vereinen sich hier unter einer würzigen Käsehaube. Die meisten Gemüsesorten, so auch die Kartoffeln, haben eine hauchdünne Schale und müssen lediglich mit einer Gemüsebürste geschrubbt werden.

Zubereitungszeit ca. 35 Minuten.

Zutaten für 2 Portionen:
250 g vorwiegend festkochende Kartoffeln
125 g weißer Spargel // 1 kleiner Kohlrabi
150 g Möhren // 100 g Zuckerschoten
150 g Camembert // 1/2 Bd. Petersilie
etwas Zucker Salz und Pfeffer
1/2 TL Butter // 3 EL Gemüsebrühe
Fett für die Form

Zubereitung:

1. Die Kartoffeln abbürsten und für ca. 15 Minuten kochen.
2. In der Zwischenzeit den Spargel schälen und die unteren Enden abschneiden. Den Spargel in Stücke schneiden. Salzwasser mit Zucker und Butter aufkochen und den Spargel darin ca. 10-15 Minuten kochen.
3. Kohlrabi und Möhren schälen und in Stücke schneiden. Den Spargel mit einer Schaumkelle aus dem Kochwasser nehmen und Kohlrabi und Möhren hineingeben. Beides für ca. 10 Minuten garen. Zuckerschoten abspülen und für 5 Minuten zum Kohlrabi und den Möhren geben. Die Petersilie fein hacken. Den Backofen auf 200 °C (Umluft) vorheizen.
4. Eine Auflaufform einfetten. Die Kartoffeln in Spalten scheiden und zusammen mit den Gemüsesorten in die Form geben. Mit Salz, Pfeffer und Petersilie würzen. Den Käse in Stücke schneiden und auf dem Gemüse verteilen. Das Gemüse für ca. 30 Minuten gratinieren.

Tipp:

Zum Gratin ein kleines Schälchen mit ungeschälten Knoblauchzehen in den Ofen stellen. Der Knoblauch wird in der Schale weich wird zu einer würzigen Paste. Der weiche Knoblauch kann ganz leicht aus der Schale gestrichen werden und zum Gemüse gegessen werden.

Erbsen-Risotto

Grüne Erbsen gibt es ganzjährig als Tiefkühlware zu kaufen. Und im Vergleich zu frischer Ware schneiden die gefrosteten Erbsen nicht schlecht ab. Tiefkühlgemüse wird unmittelbar nach der Ernte verarbeitet und hat eine gute Vitaminbilanz. Warum also frische Erbsen in der Schote kaufen? Es ist wohl das Knacken der Schale und der Anblick der Erbsenreihe, die wie eine Perlenschur in der Schote liegen. Und es ist die Möglichkeit zu naschen, denn Erbsen direkt aus der Schale sind nicht zu übertreffen. Für das Risotto werden ca. 200 g gepalte Erbsen benötigt.

Zubereitungszeit: ca. 45 Minuten.

Zutaten für 2 Portionen:

800-1000 g Erbsen in der Schote // 300 ml Gemüsefond
1 Frühlingszwiebel // 1 Schalotte // 2-3 EL Olivenöl
100 g Risottoreis
1 Zitrone in Bio-Qualität // 50 g Parmesan
10 g kalte Butter // Salz und Pfeffer
Blättchen von 2 Stielen Basilikum oder Kerbel

Zubereitung:

1. Die Erbsen auspalen und 200 g abwiegen. Wasser in einem Topf aufkochen und die Erbsen für ca. 2 Minuten kochen. Die Erbsen abgießen und mit kaltem Wasser abschrecken. 50 g der Erbsen abnehmen und mit 50 ml Gemüsefond fein pürieren.
2. Den hellen Teil der Frühlingszwiebel in feine Ringe schneiden. Die Schalotte pellen und in feine Würfel schneiden. Das Olivenöl in einem Topf erwärmen und beide Zwiebelsorten darin anschwitzen. Den Reis dazugeben und für ca. 2 Minuten mit andünsten. Den restlichen Fond in einem zweiten Topf aufkochen und nach und nach heiß zum Reis geben. Hat der Reis die Brühe aufgenommen, wieder etwas Flüssigkeit dazugeben. Dabei regelmäßig umrühren. Die Kochzeit beträgt ca. 20 Minuten.
3. Die Zitrone heiß abspülen und die Schale für ca. 1 TL abreiben. Anschließend ca. 1 EL Saft aus der Zitrone pressen. Den Parmesan reiben und etwas vom Käse zur Seite stellen und erst vor dem Servieren verwenden.
4. Hat der Reis seinen Garpunkt erreicht, das Erbsenpüree, die Butter und den Parmesan unter den Risotto rühren. Mit Salz, Pfeffer Zitronenschale und -saft abschmecken.
5. Parmesan darüber streuen und mit den Basilikumblättchen dekorieren.

Grüner Spargel mit Kräutersoße und Ei

Grüner Spargel hat gegenüber dem weißen einen großen Vorteil. Die Stangen müssen nur im unteren Drittel etwas geputzt werden. Die klassische Hollandaise wird hier von einer leichten Kräutersoße abgelöst, die ebenso schnell zubereitet ist, wie der Spargel. Die Beilage bilden gekochte Eier, die auch durch pochierte Eier ersetzt werden können.

Zubereitungszeit: ca. 25 Minuten.

Zutaten für 2 Portionen:
2 Bd. Grüner Spargel
4 Eier in Größe L // 1 EL Essig // 1 EL Olivenöl
Salz und frisch gemahlener Pfeffer
Etwas grob gehackte Petersilie

Für die Kräutersoße:
130 g Sonnenblumenöl // 70 g weißer Balsamicoessig // 10 g Honig
50 g gemischte Kräuter // Salz und Pfeffer

Zubereitung:

1. Für die Kräutersoße alle Zutaten in einen hohen Messbecher geben. Einen Pürierstab in den Becher hineintauchen und am Boden ansetzen. Während des Pürierens den Mixer langsam nach oben ziehen. Es entsteht eine cremige Soße.
2. Wasser in einem Topf zum Kochen bringen, den Essig zugeben und die Eier darin für 6 Minuten kochen.
3. Den Spargel in eine Pfanne mit Deckel oder einen weiten Topf legen, Olivenöl dazugeben und mit etwas Salz und Pfeffer würzen. Soviel Wasser zugießen, dass der Spargel bedeckt ist. Zum Kochen bringen und für ca. 5 Minuten gar ziehen lassen.
4. Spargel abgießen und etwas abtropfen lassen. Eier pellen und halbieren. Spargel, Eier und Kräutersoße zusammen anrichten und mit Petersilie bestreuen.

Mairüben mit jungen Rahmkartoffeln

Mairüben sind ein ganz besonderes Gemüse. Das feine Wurzelgemüse wird nur im Mai geerntet und überzeugt dann mit einem zarten Biss und einem frischen Geschmack, der an Kohlrabi und milde Radieschen erinnert. Ist die Zeit der Mairüben vorbei, kann dieses Rezept mit frischen Radieschen oder Kohlrabi zubereitet werden. Die cremige Soße wird mit einer Legierung gezaubert und ist weit entfernt von schweren Béchamel-Kartoffeln.

Zubereitungszeit: ca. 30 Minuten.

Zutaten für 2 Portionen:

100 g Mairüben mit Grün // 700 g Kartoffeln, festkochende Sorte
400 ml selbstgekochte Gemüsebrühe // 100 g Crème fraîche
1 Eigelb
Salz und Pfeffer // 1 TL Senf

Zubereitung:

1. Die grünen Blätter der Mairüben sorgfältig abspülen und trocknen. Das Grün vollständig grob hacken. Die Rübe schälen und in Spalten schneiden, die ca. 1 cm dick sind. Die Wurzel eventuell vor dem Aufschneiden einmal halbieren.
2. Die Kartoffeln waschen und schälen oder mit einer Bürste die zarte Schale abschrubben. Die Kartoffeln in Spalten schneiden. Mairüben- und Kartoffelstückchen sollten ungefähr die gleiche Größe haben.
3. Die Gemüsebrühe aufkochen und mit etwas Salz würzen. Das Gemüse und die Kartoffeln in der Brühe kochen. Nach 10-15 Minuten ist das Gemüse bissfest. Kurz vor dem Ende der Garzeit das Blattgrün zum Gemüse geben. Den Topf vom Herd nehmen und etwas auskühlen lassen.
4. Crème fraîche mit dem Eigelb und dem Senf verrühren.
5. Mit einer Schöpfkelle etwas von der Gemüsebrühe in die Eigelbmasse rühren. Hier besteht die Gefahr, dass die Brühe zu heiß ist und das Eigelb gerinnt. Daher die Brühe nur langsam und unter Rühren zur Eigelbmasse geben. Die Eigelbmasse ebenfalls unter Rühren in den Gemüsesud geben. Die Brühe wird gebunden und gibt diesem Gemüsegericht eine feine Cremigkeit. Nach dem Legieren das Gemüse nicht noch einmal aufkochen. Mit Salz und Pfeffer würzen und servieren.

Spinatpuffer auf Blattsalat

Für diese zarten Puffer eignet sich junger Frühlingsspinat. Die zarten Blätter können vollständig mit Stiel verarbeitet werden. Zusammen mit einem bunten Blattsalat ergibt sich eine leichte, aber vitaminreiche Mahlzeit. Die Spinatpuffer schmecken warm wie kalt und machen sich gut in der Lunch-Box.

Zubereitungszeit: ca. 30 Minuten.

Zutaten für 2 Portionen:

200 g junger Blattspinat // 1 Zwiebel // 1 Knoblauchzehe
25 g Quark, Magerstufe // 1 Ei in Größe M // 50 g zarte Haferflocken
2 EL Olivenöl // ½ Zitrone, Bio-Qualität // Salz und frisch gemahlener Pfeffer
150 g gemischte Blattsalate, nach Geschmack und Angebot
80 g Joghurt, griechische Art mit 10 % Fettanteil // 5 EL fettarme Milch

Zubereitung:

1. Den Spinat sorgfältig waschen und welke Stellen aussortieren. Die Blätter abtropfen lassen oder trocken schütteln. Zwiebel und Knoblauch pellen und beides in sehr feine Würfel hacken. In einer hohen Pfanne 1 EL Öl erwärmen und Zwiebel und Knoblauch kurz anschwitzen. Den Spinat in die Pfanne geben und kurz garen. Sind die Blätter zusammengefallen, ist der Spinat fertig. Die Mischung in ein Sieb geben, abtropfen lassen und, nachdem das Gemüse etwas abgekühlt ist, gut ausdrücken. Den Spinat grob hacken.
2. Die Zitrone heiß abspülen, die Schale abreiben und den Saft auspressen. In eine große Schüssel Quark, Ei, Haferflocken und Spinat geben. 1 TL Zitronenschale sowie Salz und Pfeffer nach Geschmack hinzufügen. Alle Zutaten gut vermengen, bis eine einheitliche Puffermasse entsteht. Die Hände anfeuchten und vier Bratlinge aus der Masse formen.
3. In einer beschichteten Pfanne das restliche Olivenöl erwärmen. Die Spinatpuffer in die Pfanne geben und bei mittlerer Hitze von jeder Seite für 5 Minuten braten. Währenddessen den Salat waschen, putzen und in mundgerechte Stücke zupfen. Den Joghurt mit 2 EL Zitronensaft und der Milch zu einem glatten Dressing verrühren und mit Salz und Pfeffer würzen. Die Spinatpuffer zusammen mit dem Salat und dem Dressing auf Tellern anrichten.

Tipp:

Das Dressing wird noch schmackhafter mit frischen Kräutern. Dazu eine kleine Handvoll Kräuter nach Geschmack fein hacken und unter die Joghurtsoße rühren.

Grüne Frühlingspasta aus nur einem Topf

Wenn im Frühling die Natur ein grünes Band zaubert, ist es Zeit, sich das frische Gemüse auf den Teller zu zaubern. Die Nudeln werden zusammen mit dem Gemüse gekocht und verbinden sich mit der sahnigen Soße.

Zubereitungszeit: ca. 25 Minuten.

Zutaten für 2 Portionen:

150 g grüner Spargel // 80 g Zuckerschoten
1 Bd. Frühlingszwiebeln // 1 Zitrone, Bio-Qualität // 100 ml Sahne
200 g grüne Tagliatelle mit einer Kochzeit von 6 Minuten
Je 1 Handvoll Petersilie und Kerbel (gibt es keinen Kerbel, mehr Petersilie verwenden)
Salz und Pfeffer nach Geschmack // Parmesan oder Pecorino nach Geschmack

Zubereitung:

1. Das Gemüse vorbereiten. Die Zuckerschoten putzen, dazu die Stielansätze abschneiden und eventuell die Fäden abziehen. Die Schoten dann einmal mittig durchschneiden. Optisch schön ist ein schräger Schnitt. Den Spargel im unteren Drittel mit einem Sparschäler schälen und die Enden abschneiden. Die Stangen in 3-4 lange Stücke schneiden. Auch hier das Messer etwas schräg ansetzen. Die Spargelspitzen zunächst zur Seite legen. Die Frühlingszwiebeln putzen und vollständig in Ringe schneiden.

2. Die Schale der Zitrone abreiben, die Zitrone halbieren und den Saft auspressen und auffangen. Petersilie und Kerbel waschen, von den Stielen zupfen und zur Seite stellen. Die Kräuterstängel zusammen mit den Nudeln und dem vorbereiteten Gemüse in einen weiten Topf geben. Die Spargelspitzen erst später dazugeben.

3. Sahne, 500 ml kaltes Wasser und Zitronenschale in den Topf geben und bei hoher Temperatur zum Kochen bringen. Die Temperatur auf mittlere Hitze einstellen und die Pasta im offenen Topf für ca. 5 Minuten kochen. Die Spargelspitzen hinzufügen und für weitere fünf Minuten kochen. Die Flüssigkeit kocht ein, daher ist es wichtig, die Nudeln gelegentlich umzurühren. Je weniger Flüssigkeit im Topf ist, desto häufiger sollte das Gericht umgerührt werden.

4. Die Nudeln zum Ende der Garzeit probieren. Hat die Pasta noch nicht den richtigen Biss, etwas Wasser hinzufügen und die Nudeln kurz weiterköcheln lassen. 3-5 EL Wasser sind ausreichend. Die Kräuterstiele entfernen und die Nudeln mit Salz, Pfeffer und etwas Zitronensaft abschmecken. Die gehackten Kräuter unterheben und nach Belieben mit geriebenem Käse bestreuen.

Pasta mit Radicchio

Radicchio ist verwandt mit dem winterlichen Chicorée und ist diesem ähnlich im Geschmack. Galt Radicchio früher als eine sparsam eingesetzte Salatzugabe, so hat der Kopf als Gemüse die Küchen erobert. Eine Prise Zucker rundet den herben Geschmack ab.

Zubereitungszeit: ca. 25 Minuten.

Zutaten für 2 Portionen:
1 Radicchio
250 g Pasta nach Wahl // 1 kleine Zwiebel
1 Knoblauchzehe
1-2 EL Pflanzenöl
½ Bund Basilikum
½ TL Zucker
Frisch geriebener Parmesan // Salz und frisch gemahlener Pfeffer

Zubereitung:

1. Einen Topf mit leicht gesalzenem Wasser aufsetzen und die Nudeln nach Packungsanweisung zubereiten.
2. Die Zwiebel und den Knoblauch pellen und beides in ganz feine Würfel schneiden.
3. Den Radicchio waschen und trocken tupfen. Den Kopf halbieren und den Strunk entfernen. Den Kopf quer in breite Streifen schneiden.
4. Die Basilikumblätter abzupfen und grob hacken.
5. Das Öl in einer Pfanne erwärmen und die Zwiebel mit dem Knoblauch glasig anschwitzen.
6. Radicchio in die Pfanne geben, den Zucker hinzufügen und für wenige Minuten anbraten. Mit Salz und Pfeffer würzen.
7. Die Nudeln abgießen und kurz abtropfen lassen. Anschließend in die Pfanne geben und mit dem Gemüse vermengen.
8. Eventuell etwas nachwürzen und mit dem geriebenen Parmesan servieren.

Tipp:

Für eine etwas flüssigere Soße etwas vom Kochwasser der Nudeln zum Radicchio geben.

Champignonpfanne mit Reis und Frühlingszwiebeln

Frühlingszwiebeln gehören zum ersten Grün, das im Jahr den Markt erobert. Die grünen Stangen stecken voller Vitamine und sind sehr mild im Geschmack.

Zubereitungszeit: 40 Minuten.

Zutaten für 2 Portionen:

250 g Vollkornreis
250 g Champignons, weiß oder braun
½ Bund Frühlingszwiebeln // 1 Knoblauchzehe
2 EL Pflanzenöl
Salz und frisch gemahlener Pfeffer // Frisch geriebener Parmesan nach Belieben
1-2 EL frisch gehackte Petersilie

Zubereitung:

1. Den Reis nach Packungsanweisung zubereiten. Statt des angegebenen Wassers kann auch Gemüsebrühe verwendet werden.
2. Die Champignons mit einer weichen Bürste von Erdresten befreien und in Scheiben schneiden.
3. Die Frühlingszwiebeln putzen und in Ringe schneiden.
4. Knoblauch pellen und fein würfeln.
5. Das Öl in einer beschichteten Pfanne erhitzen.
6. Den Knoblauch leicht anschwitzen und die Champignons dazugeben. Kräftig mit Pfeffer würzen, ganz leicht mit Salz.
7. Die Frühlingszwiebeln in die Pfanne geben und ebenfalls anbraten.
8. Den gekochten Reis zum Gemüse hinzugeben und mit einem Löffel sorgfältig vermengen.
9. Die Petersilie unterheben und in Schälchen anrichten.
10. Wenn gewünscht, mit geriebenem Parmesan verfeinern.

Chinakohl in cremiger Tomatensoße

Chinakohl ist einer der mildesten Kohlsorten und findet immer häufiger einen Platz auf heimischen Feldern. Der kompakte Kopf kann fast vollständig verarbeitet werden. Das Kohlgemüse ist ein feiner Begleiter zu neuen Kartoffeln oder einem Püree.

Zubereitungszeit: 15 Minuten zuzüglich der Beilage.

Zutaten für 2 Portionen:

½ Kopf Chinakohl 1 kleine Zwiebel
100 g Sauerrahm
1 EL Tomatenmark
2 EL Pflanzenöl
1 TL edelsüßes Paprikapulver
2 EL gehackte Petersilie

Zubereitung

1. Die äußeren Blätter des Kohlkopfs entfernen. Den Chinakohl vierteln und lediglich den inneren harten Strunk entfernen. Den Kohl in Streifen schneiden.
2. Die Zwiebel abziehen und in Würfel schneiden.
3. Das Öl in einer Pfanne mit Deckel erhitzen und die Zwiebel glasig anbraten. Das Tomatenmark in die Pfanne geben und ebenfalls kurz anrösten.
4. Paprikapulver hinzufügen und den Chinakohl in mehreren kleinen Portionen dazugeben und regelmäßig wenden.
5. Mit der letzten Portion Kohl den Sauerrahm in die Pfanne geben und den Chinakohl bei geschlossenem Deckel für 7-8 Minuten dünsten.
6. Der Kohl gibt beim Anbraten Flüssigkeit ab. Ist das Gemüse zu trocken, einige Löffel Gemüsebrühe dazugeben.

Tipp:

Chinakohl passt zu fast jeder Beilage. Pasta, Reis, Kartoffeln oder ein duftendes frisches Brot, es gibt kaum ein Gemüse, das sich so harmonisch anpasst.

Aus einem Topf: Mairüben mit Pasta

Die Zubereitung in einem Topf hat einige Vorteile. Die Zutaten verbinden sich und öffnen ihre Aromen. Der Abwasch ist nach dem Kochen überschaubar und während das Essen kocht, ist Zeit für etwas Anderes.

Zubereitungszeit: 25 Minuten.

Zutaten für 2 Portionen:

200 g Mairüben
100 g ausgepalte Erbsen // 180 g Pasta nach Wahl // 150 g Frischkäse
100 g Zuckerschoten
1 kleine Zwiebel
1 Knoblauchzehe
500 ml Gemüsebrühe
Salz und frisch gemahlener Pfeffer // einige Blättchen der Mairüben

Zubereitung:

1. Die Mairüben mit einem Sparschäler dünn schälen und in Würfel schneiden.
2. Die Zwiebel und den Knoblauch pellen und fein hacken.
3. Zuckerschoten putzen und schräg in breite Streifen schneiden.
4. Einen großen Topf auswählen. Die Nudeln hineingeben. Rüben, Erbsen und Knoblauch hinzugeben und mit der Gemüsebrühe auffüllen.
5. Den Inhalt des Topfes zum Kochen bringen und unter gelegentlichem Rühren für 12 Minuten kochen.
6. Das Grün der Mairüben fein hacken und mit den Zuckerschoten zur Pasta geben.
7. Den Frischkäse unterrühren und die Pasta mit Salz und Pfeffer abschmecken.
8. Das One-Pot-Gericht sofort servieren und genießen.

Tipp:

Ist die, leider kurze, Zeit der Mairüben vorbei, so können milde Radieschen für dieses Gericht verwendet werden.

Gemüsepuffer mit Kräuterdip

Puffer gehören zu den Gerichten, die wir alle aus unserer Kindheit kennen und lieben. Hier verbinden sich mit den jungen Kartoffeln knackige Karotten und zarte Kohlrabi-Raspel.

Zubereitungszeit: 30 Minuten.

Zutaten für 2 Portionen:
250 g Kartoffeln
125 g Karotten
125 g Kohlrabi
1 Zwiebel
1 Ei
40 g Mehl Salz und Pfeffer
Frisch geriebene Muskatnuss
Öl zum Braten
Für den Quark: 250 g Speisequark
2 EL Pflanzenöl
2 EL Milch Salz und Pfeffer
frisch gehackte Kräuter nach Wahl

Zubereitung:

1. Den Quark mit 2 EL Pflanzenöl und der Milch glattrühren. Mit Salz und Pfeffer
2. abschmecken und die gehackten Kräuter unterrühren.
3. Kartoffeln, Karotten und Kohlrabi schälen. Mit einer groben Reibe alle Gemüsesorten zu groben Raspeln verarbeiten.
4. In einer Schüssel die Raspel vermengen. Das Ei unterheben und mit den Gewürzen abschmecken. Das Mehl sorgfältig in die Mischung einarbeiten.
5. Das Öl in einer Pfanne erhitzen und den Teig portionsweise darin ausbacken.
6. Die Gemüsepuffer mit dem Kräuterquark anrichten und frisch genießen.

Tipp:

Das Rezept für die Gemüsepuffer ist sehr variabel. Die Gemüseanteile können nach Geschmack oder Marktangebot abgewandelt werden

Risotto mit Karotten

Oft ist der Frühling schon da und draußen schmilzt der letzte Schnee. Karotten helfen, die frühlingshafte Stimmung einzufangen und den Winterblues zu vertreiben. Vielleicht ist es die Farbe, die die Stimmung hebt oder wir verbinden Karotten gedanklich mit Ostern und wissen, dass der Winter gehen wird.

Zubereitungszeit: ca. 45 Minuten.

Zutaten für 2 Portionen:

1 Bund Karotten mit Grün
250 g Risottoreis
1 Zwiebel
800 ml Gemüsebrühe
2-3 EL Pflanzenöl
1 EL Zitronensaft
1-2 EL Butter
2-3 EL geriebener Parmesan // Salz und Pfeffer
etwas Currypulver nach Belieben
Für etwas Schärfe eine halbe Chilischote zufügen.

Zubereitung:

1. Die Karotten vorbereiten. Das Grün abschneiden und zur Seite legen. Aus 2/3 der Karotten wird ein Püree zubereitet, das zusammen mit dem Risotto kocht. Die restlichen Möhren werden in dünne Scheiben geschnitten und dem Reisgericht zum Ende der Garzeit zugefügt.
2. Für das Püree die Zwiebel abziehen und fein hacken. Die Möhren in kleine Stückchen schneiden.
3. 1 EL Öl in einem kleinen Topf erhitzen und die Zwiebel glasig anschwitzen.
4. Die Möhren dazugeben und mit Salz und Pfeffer würzen. Soll das Risotto eine Currynote bekommen oder etwas Schärfe, dann können die Gewürze jetzt zugefügt werden. 100 ml der Gemüsebrühe hinzufügen und die Möhren für ca. 10 Minuten kochen. Im Anschluss mit einem Pürierstab mixen. Für den Reis das restliche Öl in einem weiten Topf erwärmen und den Reis kurz anrösten.
5. Mit etwas Gemüsebrühe ablöschen und den Reis leise köcheln lassen. Dabei regelmäßig von der Gemüsebrühe nachgeben, sobald der Reis die Flüssigkeit aufgenommen hat. Das Risotto regelmäßig umrühren. Je nach Reissorte beträgt die Kochzeit bis zu 25 Minuten. Die genaue Kochzeit ist auf der Packung angegeben.

6. Nach 5 Minuten Kochzeit das Karottenpüree unter den Reis rühren. Die Butter hinzufügen und den Zitronensaft dazugeben. Mit Salz und Pfeffer würzen.
7. Die Karottenscheiben für die letzten 10 Minuten der Kochzeit zum Reis geben und unterrühren.
8. Das Karottengrün waschen und einige Blätter davon feinhacken.
9. Das Risotto ist fertig, wenn der Reis eine cremige Konsistenz hat. Zum Schluss den geriebenen Parmesan unterrühren und anrichten.
10. Vor dem Servieren mit dem gehackten Grün verfeinern. Das Grün hat ein ähnliches Aroma wie Petersilie.

Tipp:

Für etwas mehr Frische und eine leichte Säure können 50 ml der Gemüsebrühe durch einen trockenen Weißwein ersetzt werden.

Gefüllte Champignons

Die gefüllten Pilzköpfe sind ideal für den kleinen Snack am Abend oder als Einstieg in ein frühlingshaftes Menü. Für den größeren Hunger bietet sich die Champignonvariante Portobello an. Die Zutaten für die Füllung sollten dann entsprechend ergänzt werden.

Zubereitungszeit: 20 Minuten.

Zutaten für 2 Portionen:
8 mittlere Champignons in braun oder weiß // 150 g Blattspinat
100 g Frischkäse // 2 EL Schmand oder Sauerrahm
2 EL geriebener Parmesan // ½ Kugel Mozzarella
1 Knoblauchzehe // 2 EL Pflanzenöl
1 Prise geriebene Muskatnuss // Salz und frisch gemahlener Pfeffer

Zubereitung:

1. Ein Backblech mit Backpapier auslegen und den Backofengrill vorheizen.
2. Die Pilze putzen und die Stängel herausdrehen. Mit einem kleinen Löffel oder einem Melonenausstecher etwas vom Pilzfleisch aushöhlen. Die Champignonköpfe auf ein Backblech setzen und von beiden Seiten für jeweils ca. 4 Minuten grillen. Nach Ende der Grillzeit aus dem Ofen nehmen und etwas abkühlen lassen.
3. Den Spinat abspülen und gut abtropfen lassen. Knoblauch pellen und fein hacken. Das Pflanzenöl einer beschichteten Pfanne erhitzen und den Knoblauch leicht anrösten.
4. Den Spinat hinzufügen und mit Salz und Pfeffer würzen. Wenn die Blätter zusammengefallen sind, den Spinat zum Abkühlen kurz zur Seite stellen.
5. Frischkäse mit dem Schmand verrühren und mit ein wenig geriebener Muskatnuss abschmecken. Geriebenen Parmesan unter die Masse heben.
6. Spinat gut ausdrücken und fein gehackt unter die Käsemasse rühren. Die Spinatmischung in die Champignons füllen. Mozzarella in kleine Stückchen zupfen und die Pilze gleichmäßig damit belegen.
7. Die gefüllten Champignons noch einmal für ca. 5 Minuten grillen, bis der Mozzarella eine goldgelbe Kruste bekommen hat.

Tipp:

Zu den Champignons passt ein einfacher Blattsalat mit etwas Essig und Öl.

Salat mit Brokkoli und Apfel

Der Salat ist leicht und bekommt durch den Apfel eine süßliche Note. Im Rezept sind Babyblätter von verschiedenen Rüben angegeben. Eine feine Wildkräutermischung oder Baby-Spinat passen genauso gut.

Zubereitungszeit: 20 Minuten.

Zutaten für 2 Portionen:
500 g Brokkoli
100 g Zuckerschoten
1 säuerlicher Apfel
100 g Baby-Leaf-Salat
4 EL Obstessig
6 EL Olivenöl
2 EL frischegehackte Kräuter nach Wahl // Pfeffer und Salz

Zubereitung:

1. Den Brokkoli putzen und in kleine Röschen schneiden. Die Zuckerschoten vorbereiten.
2. Etwas Wasser in einem kleinen Topf aufkochen und leicht salzen. Den Brokkoli für ca. 3 Minuten kochen und die Zuckerschoten in der letzten Minute dazugeben. Das Gemüse abgießen.
3. Aus Essig, Öl, Kräutern, Salz und Pfeffer ein Dressing anrühren.
4. Den Apfel vierteln, entkernen und mit einem Hobel in dünne Scheiben schneiden.
5. Die Salatblätter abspülen und trocknen.
6. In einer großen Schüssel alle Zutaten miteinander vermischen und das Dressing unterheben.
7. Den Salat auf Teller portionieren und mit knusprigem Baguette servieren.

Waldorfsalat mit Kohlrabi

Der Waldorfsalat gehört zu den Klassikern unter den Salaten und fehlt auf keiner guten Speisekarte. Dieser Waldorfsalat wird frühlingsfrisch mit jungem Kohlrabi und zarten Spinatblättern zubereitet.

Zubereitungszeit: 20 Minuten.

Zutaten für 2 Portionen:

1 Kohlrabi, blau oder grün
100g Blattspinat
1 Apfel
40 g Walnusskerne
6 EL Joghurt in der Rahmstufe // 4 EL Zitronensaft // 1 TL Zucker
Salz und frisch gemahlener Pfeffer

Zubereitung:

1. Für das Dressing den Joghurt mit dem Zitronensaft verrühren und mit Zucker, Salz und Pfeffer abschmecken.
2. Die zarten Spinatblätter abspülen und trocken tupfen.
3. Den Kohlrabi schälen und eventuell halbieren. Den Apfel vierteln und ganz nach Geschmack entkernen oder vollständig weiterverarbeiten. Kohlrabi und Apfel auf einer Reibe zu feinen Raspeln verarbeiten.
4. Kohlrabi und Apfel mit dem Dressing vermischen. Eventuell etwas nachwürzen.
5. Die Walnüsse mit einem großen Küchenmesser grob hacken.
6. Den Spinat auf zwei Tellern anrichten. Den Kohlrabi-Apfel-Salat darauf drapieren und mit den gehackten Walnüssen bestreuen.

Tipp:

Klassisch zum Salat wird knuspriges Baguette gereicht.

Rhabarbersalat

Rhabarber wird häufig zu den Obstsorten gezählt und zu Süßspeisen und Marmeladen verarbeitet. Botanisch gehören die roten Stangen jedoch zum Gemüse und schmecken sehr lecker zu herzhaften Gerichten. Der letzte Erntetag ist traditionell der 24. Juni, der Johannestag, und mit diesem Tag endet die Saison.

Zubereitungszeit: ca. 25 Minuten.

Zutaten für 2 Portionen:

300 g gemischter Blattsalat, z. B. Kopfsalat, Rucola, Spinat etc.

200 g Rhabarber // 3 EL Öl // 100 g Feta // 80 g Walnüsse // 50 g Rosinen

Für die Vinaigrette:

1 Schalotte

3 EL Essig aus Weißwein // 5 EL neutrales Öl

1 TL Senf // Salz und Pfeffer

Zubereitung:

1. Für die Vinaigrette die Schalotte pellen und in feine Würfel schneiden. Alle anderen Zutaten in eine Schüssel geben und mit einem Schneebesen aufschlagen und zum Schluss die Schalottenwürfel unterheben.
2. Die Blattsalate waschen, putzen und trocknen. Die Blätter in mundgerechte Stücke zupfen.
3. Von den Rhabarberstangen die Enden abschneiden. Ganz junger Rhabarber hat eine zarte Haut. Junge Stangen müssen nicht geschält werden. Je älter der Rhabarber ist, desto faseriger ist die Haut. Ältere Stangen sollten vor dem Verzehr geschält werden. Die Gemüsestangen in kleine Stücke schneiden.
4. Öl in einer Pfanne erhitzen und den Rhabarber für ca. 5 Minuten anschwitzen. Feta in Würfel schneiden und die Wallnusskerne grob zerkleinern. Alle Zutaten vermengen und zusammen mit der Vinaigrette und etwas Baguette servieren.

Tipp:

Rhabarber gibt es in drei verschiedenen Sorten, die sich farblich unterscheiden. Die grünlichen Sorten sind milder und sehr gut für diesen Salat geeignet.

Auflauf mit Milchreis und Rhabarber

Die roten Stangen des Rhabarbers gehören zum Gemüse und gehen mit dem cremigen Milchreis eine verführerische Liaison ein. Falls von dem Milchreisauflauf etwas übrigbleibt, ergibt sich hieraus eine Zwischenmahlzeit für unterwegs.

Zubereitungszeit: 20 Minuten zuzüglich Backzeit.

Zutaten für 2 Portionen:

75 g Rundkornreis // 250 ml Milch
250 g Rhabarber // 2 Eier in Größe M // 15 g Butter
1 Prise Salz // 50 g Zucker
½ Zitrone in Bio-Qualität // Mark einer halben Vanilleschote
Etwas Butter zum Ausfetten der Form
Puderzucker zum Bestäuben

Zubereitung:

1. Die Milch zusammen mit dem Mark der Vanilleschote aufkochen.
2. Den Reis in einem Sieb gründlich abspülen.
3. Den Reis in die Milch einrühren, Salz und Butter hinzufügen und den Topf vom Herd nehmen.
4. Den Reis für ca. 20 Minuten quellen lassen.
5. In der Zwischenzeit den Rhabarber putzen und in fingerdicke Stücke schneiden.
6. Die Zitrone heiß abspülen und die Schale von einer Hälfte fein abreiben.
7. Den Backofen auf 180 °C bei Umluft vorheizen.
8. Zucker und Eier in eine Rührschüssel geben und die Zitronenschale dazugeben. Die Zutaten zu einer schaumigen Masse aufschlagen.
9. Den Reis unter die Eiermasse ziehen und den Rhabarber zufügen.
10. Eine passende Auflaufform mit etwas Butter einfetten und die Reismasse hineingeben.
11. Den Auflauf für ca. 30 Minuten backen und vor dem Servieren mit Puderzucker bestreuen.

SOMMER

Kalte Gurkensuppe

Suppen sind nicht nur der kalten Jahreszeit vorbehalten. Ein Klassiker der Sommerküche ist schließlich die Gazpacho. Tomaten, Gurken und Paprika vereinen sich zu einer cremigen Suppe, die kalt gegessen wird. Die elegante Gurkensuppe vereint frische Kräuter, Joghurt und ist eine erfrischende Mahlzeit im Sommer.

Zubereitungszeit: ca. 30 Minuten.

Zutaten für 2 Personen:

1 große Salatgurke oder zwei kleine für ca. 900 g
200 g Crème fraîche
100 ml Gemüsebrühe
150 g Naturjoghurt
3 TL milder Weißweinessig
½ Bd. Schnittlauch
½ Bd. Petersilie // ½ Bd. Kerbel
etwas Minze // Salz und Pfeffer // Chili nach Geschmack

Zubereitung:

1. Die Gurke schälen und grob zerkleinern. Das Gurkenfleisch in einen Mixer oder einen Mixbecher geben. Wer die Suppe mit etwas Schärfe genießen möchte, kann frische Chilischote einarbeiten
2. Crème fraîche und Joghurt dazugeben und alles fein pürieren.
3. Brühe zugießen und noch einmal kurz pürieren.
4. Die gemischten Kräuter vorbereiten. Harte Stiele entfernen, die Blätter waschen, trocknen und fein hacken. Etwas von der Kräutermischung für die Dekoration zur Seite stellen. Die restlichen Kräuter unter die Suppe rühren. Mit etwas Essig, Salz und Pfeffer abschmecken und mit gehackten Kräutern bestreuen.
5. Die Suppe bis zum Servieren kühl stellen.
6. Die Kräuter für die Suppe können nach Geschmack und Angebot ausgesucht werden. Besonders im Sommer ist das Angebot groß. Basilikum, Kresse oder die Blätter der Kapuzinerkresse passen gut in die Suppe. Essbare Blüten eignen sich zur Dekoration. Gänseblümchen oder Kapuzinerkresse sind dekorativ und sehr schmackhaft.

Tomatensuppe aus frischen Tomaten

Im Sommer haben Tomaten ihr volles Aroma entwickelt und es lassen sich wunderbar leichte Suppen daraus zaubern. Reife Tomaten kommen mit wenigen zusätzlichen Gewürzen aus, da sie so viel vollen Geschmack mitbringen. Die Tomaten können eine bunte Mischung aus dem sein, was der Markt oder die eigenen Pflanzen anbieten.

Zubereitungszeit: 40 Minuten.

Zutaten für 2 Portionen:
1,5 kg kleine Strauchtomaten
3 Zweige Thymian
1 Zwiebel
1-2 EL Pflanzenöl
1 EL Tomatenmark
Salz und frisch gemahlener Pfeffer 1 Prise Zucker
180 ml Wasser

Zubereitung:

1. Die Tomaten abspülen, die Stielansätze herausschneiden und in kleine Stückchen schneiden.
2. Thymian abspülen und die Blätter von den Zweigen streifen.
3. Zwiebel pellen und in feine Würfel schneiden.
4. Öl in einem Topf erhitzen. Tomaten, Tomatenmark, Zwiebel und Thymian in den Topf geben und kräftig anbraten.
5. Mit dem Wasser angießen und aufkochen. Zucker dazugeben, den Topf verschließen und die Suppe für 15 Minuten bei mäßiger Hitze kochen lassen.
6. Die Suppe durch ein Haarsieb streichen oder durch eine Passiermühle drehen.
7. Zurück in den Topf geben und mit Salz und Pfeffer abschmecken.
8. In Schälchen anrichten und, nach Geschmack, mit frischen Kräutern bestreuen.

<u>Tipp:</u>

Zur Tomatensuppe passen gut Croutons. Dazu Brotwürfel in etwas Olivenöl knusprig braten und in die Suppe geben.

Gefüllte Ochsenherztomaten

Ochsenherztomaten stechen in der großen Vielfalt des heimischen Tomatenangebots sofort ins Auge. Zum einen sind die roten Tomaten ungewöhnlich groß, zum anderen haben sie eine gewellte Form. Ochsenherztomaten sind nicht nur ein optischer Genuss. Das Fruchtfleisch ist unglaublich mild und schmeckt wunderbar nach Tomate. Alternativ kann das Gericht auch mit Fleischtomaten zubereitet werden. Und das Beste: die Tomaten können auf dem Grill zubereitet werden.

Zubereitungszeit: ca. 20 Minuten.

Zutaten für 2 Portionen:

4 Ochsenherztomaten oder Fleischtomaten
200 g Schafskäse oder Feta
1 Zweig frischer Thymian
1 Zweig frischer Rosmarin
2 EL Olivenöl
Salz und Pfeffer

Zubereitung:

1. Den Backofengrill oder den Gartengrill vorheizen.
2. Den Deckel der Tomaten abschneiden und die Kerne und etwas Fruchtfleisch mit dem
3. Löffel herausnehmen. Die Tomaten sollten auf jeden Fall noch eine stabile Wand behalten.
4. Den Käse mit einer Gabel zerdrücken. Dafür eignet sich ein Teller.
5. Die Kräuter abzupfen, waschen, trocknen und mit einem großen Messer fein hacken.
6. Öl und Kräuter unter den Käse mischen und die Masse auf den vorbereiteten Tomaten verteilen.
7. Den Deckel auf die Tomaten setzen. Die Tomaten in eine Gemüseform für den Grill setzen und, entweder über der Holzkohle oder im Backofen, für 10 Minuten grillen. Zur Not können die Tomaten in Alufolie gegart werden. Da Alufolie später entsorgt wird, ist eine passende Grillschale die bessere Wahl.

<u>Tipp:</u>

Die Tomaten können mit allem vom Grill kombiniert werden. Statt zwei großer Tomaten kann auch ein Maiskolben oder ein Zucchinispieß zusätzlich gegrillt werden. Dazu passt knuspriges Brot.

Kartoffelsalat aus Pellkartoffeln mit Rucola

Dieser Kartoffelsalat ist sommerlich leicht und kann auf die Begleitung von Schnitzel und Würstchen verzichten. Herber Rucola und feiner Mozzarella ergänzen das intensive Aroma junger Kartoffeln. Ein leichtes Dressing verfeinert, ohne dabei die Aromen zu verstecken.

Zubereitungszeit: ca. 25 Minuten.

Zutaten für 2 Portionen:

500 g festkochende kleine Kartoffeln
50 g Rucola
125 g Mozzarella
1 rote Zwiebel
1 Knoblauchzehe
150 ml Gemüsebrühe
Salz und Pfeffer
1-2 EL milder Essig // 2-3 EL Olivenöl

Zubereitung:

1. Die Kartoffeln mit einer Gemüsebürste abschrubben. In einem Topf leicht gesalzenes Wasser zum Kochen bringen. Die Kartoffeln, je nach Größe, für ca. 15 Minuten garen.
2. Rucola abwaschen, eventuell dicke Stiele entfernen und große Blätter in mundgerechte Stücke zupfen.
3. Mozzarella in Stücke zupfen. Mozzarella in guter Qualität bekommen Sie oft im Hofladen aus regionaler Produktion. Blättriger Mozzarella lässt sich ganz leicht in Stücke zupfen. Viele Milchbetriebe haben eine angeschlossene Käserei und können Alternativen zum jungen Käse anbieten.
4. Die Kartoffeln abgießen und den Topf auf die noch warme Herdstelle zurückstellen. Den Deckel des Topfes ein wenig öffnen. Die Kartoffeln können jetzt etwas abdämpfen.
5. Zwiebel und Knoblauch pellen und beides in feine Würfel schneiden. Gemüsebrühe mit Essig, Öl, Zwiebel und Knoblauch in einem Mixbecher kurz verrühren. Eine noch heiße Kartoffel zur Salatsoße geben und pürieren. Das Dressing mit Salz und Pfeffer abschmecken.
6. Die Kartoffeln in Scheiben schneiden und zusammen mit dem Rucola und dem Käse auf Tellern anrichten. Das Dressing nach Geschmack darüber verteilen.

Tipp:

Auf dem Markt gibt es unterschiedliche Kartoffelsorten. Für diesen Salat eignen sich zum Beispiel die Sorten „Drillinge“ oder „Bamberger Hörnchen“. Ihr Kartoffelhändler hat vielleicht sogar „blaue Schweden“ im Angebot. Eine Kartoffelsorte, die beim Anschnitt ihr violettes Innenleben zeigt.

Da der Kartoffelsalat ohne Mayonnaise auskommt, besteht auch an warmen Tag nicht die Gefahr einer Magenverstimmung. Dennoch sollten Portionen für den nächsten Tag im Kühlschrank aufbewahrt werden.

Bereiten Sie den Kartoffelsalat einige Stunden vor dem Essen zu, so vermengen Sie die noch warmen Kartoffeln schon vorher mit etwas Dressing. Die Kartoffeln nehmen im warmen Zustand dieAromen besser an. Käse und Salat kann dann frisch dazugegeben werden.

Nudelsalat mit geröstetem Gemüse

Eine leichte Pasta verschönert Sommerabende. Besonderes Aroma erhält dieser Nudelsalat durch gegrilltes und geröstetes Gemüse. Der Geschmack erinnert an Ratatouille. Es lohnt sich, von diesem Nudelsalat etwas mehr zuzubereiten und am nächsten Tag noch einmal die Mittagspause zu verschönern.

Zubereitungszeit: ca. 45 Minuten.

Zutaten für 2 Portionen:

150 g kurze Nudeln
1 Knoblauchzehe
1 rote Paprika
1 gelbe Paprika
1 Zucchini
ca. 250 g 125 g kleine Strauchtomaten
1 rote Zwiebel
5 Stiele Thymian // 1½ Zweige Rosmarin
2 EL Olivenöl Salz und Pfeffer // 1 TL Honig
1 EL milder Rotweinessig // 3 Ziegenfrischkäsetaler
Zusätzlich Salz für das Kochwasser der Nudeln
1 Bogen Backpapier

Zubereitung:

1. In einem Topf ausreichend leicht gesalzenes Wasser für die Nudeln zum Kochen bringen und die Pasta darin nach Packungsanweisung bissfest garen. Die Knoblauchzehe schälen und mit in das Kochwasser geben. Die Nudeln abgießen und dabei ca. 50 ml Kochwasser auffangen. Die Knoblauchzehe wird später für das Dressing verwendet.
2. Den Backofen auf 240 °C vorheizen und die Grillfunktion einschalten. Alternativ kann das Gemüse in einer Grillpfanne ohne Fettzugabe angeröstet werden.
3. Die Paprikaschoten waschen und vierteln. Die Kerne entfernen und mit der Hautseite nach oben auf ein Backblech legen. Das Backblech auf die zweite Schiene von oben unter den Grill stellen. Die Haut der Paprika wird jetzt dunkel, fast schwarz und wirft Blasen.
4. Nach ca. 10 Minuten die Paprikaschoten aus dem Ofen nehmen und mit einem feuchten Geschirrtuch abdecken. Das Gemüse wird weiterverarbeitet, wenn es handwarm abgekühlt ist.
5. Die Backofentemperatur auf 200 °C (Umluft) herunterschalten.

6. Die Kräuter vorbereiten. Harte Stiele entfernen, waschen, trocknen und fein hacken. Die Hälfte mit 1 EL Öl, etwas Salz und Pfeffer in einer Schale mischen.
7. Die Zucchini putzen und längs vierteln. Sehr große Zucchini haben innen Kerne gebildet. Die Kerne entfernen. Bei kleinen Exemplaren ist dieser Arbeitsschritt nicht notwendig. Die Zucchini in mundgerechte Stücke schneiden. Ein Richtwert für die Größe des Gemüses ist die Größe der Nudeln. Alle Zutaten sollten ungefähr die gleiche Größe haben.
8. Die Tomaten abspülen und große Stielansätze herausschneiden.
9. Zwiebel schälen und in schmale Spalten schneiden.
10. Tomaten, Zucchini und Zwiebel mit dem Kräuteröl mischen.
11. Ein Backblech mit Backpapier auslegen und die Gemüsemischung darauf verteilen. Für 10-15 Minuten im Ofen backen, bis alles goldbraun geröstet ist.
12. In der Zwischenzeit die Paprikaschoten häuten. Hierzu die Haut mit einem spitzen Gemüsemesser abziehen. Jeweils ein Viertel der gelben und der roten Paprika zur Seite legen. Den Rest in Stücke schneiden.
13. Für das Dressing Essig, Öl, Honig in einen Mixbecher geben. Dazu kommen das aufgefangene Nudelwasser, die gekochte Knoblauchzehe und die gerösteten Paprika. Die Paprika etwas kleiner schneiden. Mit dem Pürierstab ein cremiges Dressing mixen und mit Salz und Pfeffer abschmecken.
14. Das Gemüse aus dem Ofen nehmen und abkühlen lassen.
15. Das Dressing unter die Nudeln heben und die gerösteten Paprika dazugeben. Die restlichen Kräuter und das Ofengemüse zum Nudelsalat geben. Mit Salz und Pfeffer abschmecken. Die Ziegenkäsetaler klein schneiden und gleichmäßig über dem Salat verteilen.

Tipp:

Wird der Salat mit noch lauwarmen Zutaten zubereitet, verbinden sind die Aromen besser und der Nudelsalat kann bis zum Servieren auskühlen.

Max auf Gemüsebett

Der stramme Max ist ein beliebtes Essen das aus der klassischen Hausmannsküche nicht wegzudecken ist. Eine Scheibe Brot, etwas geräucherter oder gekochter Schinken und ein Spiegelei, mehr braucht dieses Gericht nicht. Das Gericht ist sehr gehaltvoll und hat daher seinen Namen. Regional wird dieses schnelle Gericht auch als Bauerntoast oder Krüstchen bezeichnet. Im folgenden Rezept ist der Schinken durch viel knackiges Gemüse ersetzt. Geblieben sind Brot und Spiegelei.

Zubereitungszeit: ca. 30 Minuten

Zutaten für 2 Portionen:
2 Scheiben frisches Bauernbrot
4 Radieschen // 200 g Bundmöhren
50 g Zuckerschoten // 2-3 Stangen Frühlingszwiebeln
½ Kopf Radicchio // 30 g Butter
50 ml Mineralwasser // 2 Eier in Größe M // Salz und Pfeffer
etwas Frischkäse zum Bestreichen der Brote.
Der Frischkäse kann nach Geschmack mit Kräutern oder Tomaten gewürzt sein.

Zubereitung:

1. Die Möhren putzen. Dickere Möhren halbieren und auf die Länge der Zuckerschoten schneiden. Zuckerschoten putzen. Frühlingszwiebeln vorbereiten und ein- bis zweimal durchschneiden. Zusätzlich noch einmal der Länge nach halbieren. Radicchio putzen und in Streifen schneiden.
2. Die Hälfte Butter in einer Pfanne mit Deckel erhitzen und die Möhren dazugeben. Das Mineralwasser angießen und mit Salz und Pfeffer würzen. Die Möhren zugedeckt für ca. 10 Minuten garen. Kurz vor Ende der Garzeit Zuckerschoten und Frühlingszwiebeln in die Pfanne geben.
3. In einer zweiten Pfanne die restliche Butter erwärmen und die Eier zu Spiegeleiern braten.
4. Die Radieschen putzen und in dünne Scheiben schneiden.
5. Die Brote mit Frischkäse bestreichen und mit den Radieschenscheiben belegen. Das Gemüse gleichmäßig auf beide Brotscheiben verteilen und auf jede Scheibe ein Spiegelei setzen. Mit etwas Salz und Pfeffer würzen.

Gemüsequiche mit Romanesco

Die Zubereitungsform der Quiche stammt aus der französischen Bistro-Küche. Der Boden ist knusprig und der Belag zeigt die Vielfalt der Gemüseküche. Eine Quiche kann immer wieder der Saison angepasst werden. Der Gemüsekuchen ist warm und kalt sehr lecker und damit ein guter Begleiter für unterwegs, ob im Büro oder beim Picknick.

Zubereitungszeit: ca.50 Minuten zuzüglich Ruhe- und Backzeit.

Zutaten für eine Backform mit 26 cm Durchmesser:

Für den Mürbeteig:
250 g Mehl // 150 g kalte Butter // 1 Ei in Größe M // Salz // etwas Wasser

Zutaten für den Belag
400 g Romanesco // 1 Zwiebel
300 g frischer Spinat // 75 g Zuckerschoten
120 g Bergkäse oder mittelalten Gouda // 5 Eier in Größe M
300 g Schmand // 1 EL Olivenöl // Salz und Pfeffer
etwas frisch geriebene Muskatnuss
eine Springform mit 26 cm Durchmesser

Zubereitung:

1. Für den Mürbeteig Mehl in eine Schüssel geben. Die Butter in Flöckchen dazugeben, ebenso das Ei und 1-2 EL Wasser. Die Zutaten zu einem glatten Teig verkneten. Den Teig für ca. 1 Stunde kühl stellen.
2. In einem Topf Wasser zum Kochen bringen und leicht salzen. Den Romanesco in Röschen teilen und für ca. 5 Minuten in das kochende Wasser geben. Anschließend mit einer Schaumkelle herausnehmen. Zum Abtropfen in ein Sieb geben. Die Zuckerschoten putzen und für einen kurzen Moment in das kochende Wasser geben. Je nach Größe reichen 15-30 Sekunden. Die Zuckerschoten ebenfalls zum Abtropfen zur Seite stellen.
3. Den Spinat sorgfältig waschen und trocknen. Die Stiele vom Sommerspinat sind noch zart genug, um mitverwendet zu werden. Die Zwiebel pellen und fein würfeln. In einer beschichteten Pfanne das Öl erwärmen, die Zwiebel anschwitzen und den Spinat dazugeben. Der Spinat fällt bei kleiner Hitze zusammen. Mit etwas Salz und Pfeffer würzen.
4. Rand und Boden der Springform leicht fetten.
5. Eine Arbeitsfläche mit etwas Mehl bestäuben und den Teig passend zur Form ausrollen. Eine

Quiche benötigt immer einen Rand. Den Teig daher etwas größer ausrollen und am Rand hochziehen.

6. Den Backofen auf 180 °C (Umluft) vorheizen.
7. Den Guss vorbereiten. Den Käse reiben. Eier und Schmand sorgfältig verrühren und mit Salz, Pfeffer und frisch geriebener Muskatnuss abschmecken. 1/3 des geriebenen Käses unter die Schmandmasse heben.
8. Den Teig am Boden mit einer Gabel mehrfach einstechen. Das Gemüse auf dem Boden verteilen und mit dem Schmand übergießen. Den restlichen Käse auf der Quiche verteilen und für ca. 50 Minuten backen. Die Oberfläche erhält eine goldgelbe Bräunung.

Brechbohneneintopf mit Tomaten

Brechbohnen sind aromatisch und gesund. Frisch vom Strauch kommen die grünen Stangen mit wenigen Zutaten aus. Sonnengereifte Tomaten und neue Kartoffeln machen diesen kleinen Eintopf zu einem passenden Begleiter eines warmen Tages.

Zubereitungszeit: ca. 45 Minuten.

Zutaten für 2 Portionen:

300 g frische grüne Bohnen
200 g frische Tomaten
3 mittlere Kartoffeln
2 Zwiebeln
2 Knoblauchzehen
1,5 EL Tomatenmark
100 ml Gemüsebrühe // 1/2 EL Paprikapulver // 1 TL Majoran
Salz und Pfeffer // ½ Bd. Petersilie
Etwas Öl zum Anbraten

Zubereitung:

1. Kartoffeln mit einer Gemüsebürste säubern und die Kartoffeln in grobe Würfel schneiden.
2. Die Bohnen putzen. Mit einem Gemüsemesser die Enden abschneiden und die Bohnen, je nach Größe, in 2-3 Stücke schneiden.
3. Zwiebel und Knoblauch enthäuten und in feine Würfel schneiden.
4. Den Stielansatz der Tomaten herausschneiden und die Tomaten in kleine Stücke schneiden.
5. In einem großen Topf etwas Öl erhitzen und in folgender Reihenfolge das Gemüse zum Anbraten hinzugeben: Zwiebel, Knoblauch, Kartoffeln, Bohnen und Tomaten. Das Tomatenmark unterheben und mit der Gemüsebrühe ablöschen.
6. Alles bei geringer Hitze für ca. 15-20 Minuten garen. Mit Salz, Pfeffer, Paprikapulver und Majoran abschmecken.
7. Die Petersilienblätter abzupfen, waschen, trocknen und streufähig hacken. Über das Gemüse geben und servieren.
8. Das Bohnengemüse schmeckt mit frischem Brot oder Reis.

Gefüllte Paprikaschoten

Im Sommer sind Paprikaschoten in allen Farben erhältlich und die Tomaten haben einen vollen Geschmack. Die Füllung der Schoten ist vegetarisch und hat eine mediterrane Würze.

Zubereitungszeit: ca. 60 Minuten.

Zutaten für 2 Portionen:
2-4 Paprikaschoten, je nach Größe
200 g Tomaten
2 Scheiben frisches Weißbrot ohne Rinde (je nach Größe der Paprikaschoten, mehr Brot)
½ Bd. Petersilie, glatt // 1 Knoblauchzehe
2 EL frisch geriebener Parmesan // 1 EL Kapern
3-4 EL Olivenöl // Salz und Pfeffer

Zubereitung:

1. Für die Füllung das Weißbrot in kleine Würfel schneiden. Die Petersilie waschen, von den Stielen zupfen und fein hacken. Den Knoblauch pellen und fein hacken. Brot, Petersilie, Knoblauch, Parmesan und Kapern sorgfältig vermischen. Die Masse mit Pfeffer würzen und nach und nach 2-3 EL Olivenöl darunterheben.
2. Die Paprikaschoten waschen, den Deckel abschneiden und die Kerne entfernen.
3. Die Tomaten waschen, den Stielansatz herausschneiden und in Würfel schneiden. Die Tomatenwürfel mit Salz und Pfeffer würzen und mit dem restlichen Olivenöl vermischen.
4. Den Ofen auf 200 °C vorheizen.
5. Die Tomatenwürfel in eine feuerfeste Form geben. Die Paprikaschoten mit der Brotmischung befüllen und auf die Tomaten setzen. Die Deckel auf die Schoten legen.
6. Die Garzeit beträgt ca. 30-40 Minuten in der mittleren Einschubleiste. Die gefüllten Paprikaschoten sind gar, wenn die Schoten eine leichte Bräune haben und das Fruchtfleisch weich ist.

Tipp:

Als Beilage passt knuspriges Baguette-Brot oder ganz klassisch Reis.

Überbackene Zucchini

Käse und Gemüse sind eine Kombination, bei der beide Zutatengruppen sich wunderbar ergänzen. Käse gibt seinen Geschmacksträger Fett ab und unterstützt die feinen Gemüsearomen. Gleichzeitig erhält das Gericht eine feine Cremigkeit und eine schöne Würze. Das Gemüse sorgt für Frische und Biss.

Zubereitungszeit: ca. 45-50 Minuten.

Zutaten für 2 Portionen:

2 Zucchini, ca. 400 g // 2 Tomaten
1 kleine Zwiebel // 2 EL Olivenöl
1 Bd. Frische Kräuter nach Wahl // Salz und Pfeffer nach Geschmack
375 g Käse zum überbacken, ausgewogen sind unterschiedliche Käsearten, z. B.
125 g Mozzarella // 100 g junger Gorgonzola // 75 g Bergkäse

Zubereitung:

1. Ein Backblech mit einem Bogen Backpapier auslegen und den Ofen mit Umluft auf 175 °C vorheizen.
2. Die Zucchini waschen und putzen. Der Länge nach ca. 1 cm dicke Scheiben aus dem Gemüse schneiden. Die Scheiben möglichst gleichmäßig schneiden, damit ein durchgängiger Garpunkt erreicht wird. Besonders schön werden die Scheiben beim Aufschneiden mit einer Aufschnitt- oder Brotmaschine. Ein gutes Küchenmesser und eine ruhige Hand erfüllen jedoch den gleichen Zweck.
3. Die Zucchinischeiben nebeneinander auf das Backblech legen, sodass die Schneideflächen nach oben zeigen. Die Schnittflächen mit etwas Öl bestreichen. Die Kräuter waschen, trocknen, fein hacken und gleichmäßig auf den Zucchinischeiben verteilen. Die Zwiebel putzen und in feine Ringe schneiden. Die Tomate abspülen, den Stielansatz entfernen und in feine Scheiben schneiden. Zwiebel und Tomate auf den Zucchinischeiben verteilen.
4. Den Käse dünn aufschneiden und auf dem Gemüse verteilen. Mit Salz und Pfeffer leicht würzen und im Backofen auf mittlerer Schiene für 30 Minuten backen.

Tipp:

Für ein kleines Abendessen die Zucchinischeiben mit knusprigem Baguette servieren. Für eine größere Mahlzeit eignen sich in der Pfanne gebratene Gnocchi und eine leichte Tomatensoße als Begleitung.

Sommerliche Gemüsenudeln

Dieses sommerliche Gericht zaubert Gemüse pur auf den Teller. Pasta aus Gemüse ist ein Trend, der der Ernährung mit wenigen Kohlenhydraten entgegenkommt. Die Gemüsenudeln sind schnell zubereitet und benötigen zur Zubereitung lediglich einen Sparschäler. Es lohnt sich, etwas mehr zuzubereiten, denn gut durchgezogen ergeben die Möhren- und Zucchinistreifen einen leckeren Salat für die nächste Mittagspause im Büro.

Zubereitungszeit: ca. 35 Minuten.

Zutaten für 2 Portionen:

250 g Möhren
600 g Zucchini
1 Schalotte oder eine kleine Zwiebel // 200 g Kirschtomaten
40 g Hartkäse, gern Parmesan oder Pecorino
3 EL Olivenöl
Salz und frisch gemahlener Pfeffer nach Geschmack
einige Blätter frisches Basilikum

Zubereitung:

1. Möhren und Zucchini abwaschen und die Möhren mit einem Sparschäler schälen. Beide Gemüsearten mit dem Sparschäler in Streifen schneiden. Dabei einfach rundherum vom Gemüse Streifen abschneiden. Die Zucchini bis zu den Kernen aufschneiden, die Möhren soweit es möglich ist.
2. Die Schalotte schälen und in feine Würfel hacken. Die Tomaten abbrausen und halbieren.
3. Das Öl in einer großen Pfanne erwärmen und die Schalottenwürfel andünsten. Die Schalotte sollte glasig werden, das dauert bei mittlerer Hitze ca. 3 Minuten.
4. Die Möhrenstreifen in die Pfanne geben und unter regelmäßigem Wenden für ca. 2 Minuten mitbraten.
5. Die Zucchini hinzufügen und, ebenso wie die Möhren, für ca. 2-3 Minuten mitbraten. Die Pfanne dabei regelmäßig schwenken. Das Gemüse soll nur kurz gegart werden und al dente, also mit etwas Biss serviert werden. Die Tomaten zufügen und unter die Gemüsenudeln mischen. Mit Salz und Pfeffer würzen.
6. Die Basilikumblätter grob hacken und unter das Gemüse mischen.
7. Den Käse mit dem Sparschäler in Streifen hobeln und über die Gemüsenudeln geben.

Mediterraner Salat mit Spargel und Tomaten

Zwischen Frühling und Sommer hat Spargel seinen großen Auftritt. Dieser Salat ist blitzschnell zubereitet und schmeckt mit lauwarmem Spargel am besten.

Zubereitungszeit: 15 Minuten.

Zutaten für 2 Portionen:
500 g grüner Spargel
150 g bunte Tomaten
150 g kleine Mozzarellakugeln
1 Knoblauchzehe
½ Bund Basilikum
½ Bund Petersilie
2-3 EL eines guten Balsamico-Essigs
3-4 EL Olivenöl // Salz und Pfeffer

Zubereitung:

1. Leicht gesalzenes Wasser zum Kochen bringen.
2. Vom grünen Spargel das holzige Ende abbrechen und den Spargel für ca. 5 Minuten kochen.
3. Mozzarellakugeln abtropfen lassen.
4. Die Kräuter waschen und trocknen.
5. Kräuter, Essig, Öl, Knoblauch, Salz und Pfeffer in ein hohes Gefäß geben und mit dem Mixer ein Dressing pürieren.
6. Spargel abgießen, kalt abschrecken und in mundgerechte Stücke schneiden.
7. Alle Zutaten in einer Schüssel vermischen. Das Dressing unterheben und auf zwei Teller portionieren.

Bandnudeln mit Mangold-Pesto

Ein Klassiker der italienischen Küche ist das Pesto aus Basilikum, Pinienkernen und Parmesan, das sich nach Genueser Art um die Pasta schmiegt. Eine Pesto-Variante mit regionalem Gemüse vereint Mangold mit Haselnüssen. Der Parmesan ist geblieben und der Genuss auch.

Zubereitungszeit: ca. 30 Minuten.

Zutaten für 2 Portionen:
200 g Bandnudeln // 250 g Mangold // 75 ml Olivenöl // 1 Knoblauchzehe
35 g gehackte Haselnüsse // 40 g geriebener Parmesan // 1/2 Zitrone in Bio-Qualität
1 Zweig Rosmarin // Salz und frisch gemahlener Pfeffer

Zubereitung:

1. Einen Topf mit leicht gesalzenem Wasser aufstellen und eine Schüssel mit Eiswasser bereitstellen. Die Stiele des Mangolds von den Blättern trennen. Zuerst die Stiele in das kochende Wasser geben und nach 2-3 Minuten die Blätter hinzufügen und für weitere 2 Minuten kochen lassen. Das Gemüse mit einer Schaumkelle aus dem Wasser nehmen und im Eiswasser für wenige Minuten abschrecken. Dieser Vorgang sorgt dafür, dass das Gemüse seine schöne Farbe behält. Den Mangold gut abtropfen lassen.
2. Eine beschichtete Pfanne erwärmen und die Haselnüsse ohne Fettzugabe anrösten. Die Nüsse entwickeln dadurch ein intensives Aroma. Das Rösten geht sehr schnell und die Nüsse neigen zu Verbrennen. Die Pfanne während des Röstens immer leicht bewegen. Die Zitrone heiß abspülen und von einer Hälfte die Schale abreiben. Anschließend den Saft aus der Hälfte auspressen. Den Rosmarin abspülen und die Nadeln vom Zweig zupfen. Den Knoblauch pellen.
3. Das Pesto mixen. Entweder dafür einen Standmixer verwenden oder einen Pürierstab und ein hohes Gefäß. Mangold, Haselnüsse, Zitronenschale und -saft, Knoblauch, Rosmarin und den Parmesan in den Mixer geben. Während des Mixens langsam das Olivenöl zum Pesto hinzufügen. Hat das Pesto die gewünschte Konsistenz erreicht, mit Salz und Pfeffer abschmecken. Die Nudeln nach Packungsanleitung zubereiten und mit dem Pesto zusammen servieren.

Tipp:

Das Pesto kann auf Vorrat zubereitet werden und ist für ein schnelles Abendessen zur Hand. Die im Rezept angegebene Menge reicht für ein Glas mit 200 ml Inhalt. Wichtig für die Lagerung ist, die Oberfläche des Pestos immer gut mit Öl zu bedecken.

Bratkartoffelpfanne mit Gemüse

Mit der Wiederentdeckung traditioneller Gemüsesorten sind auch wieder unterschiedliche Beetesorten auf dem Markt erhältlich. Die Kugeln sind gelb oder zartrosa und haben oft ein geringeltes Inneres. Die Kugeln zaubern eine große farbliche Vielfalt auf den Teller und die ersten Sorten werden schon geerntet.

Zubereitungszeit: 30 Minuten.

Zutaten für zwei Portionen:

4 Kartoffeln
1 Kopf Brokkoli
1 Knolle Ringelbeete
1 Zwiebel
2-3 EL Pflanzenöl
Salz und frisch gemahlener Pfeffer
Radieschensprossen oder frische Kresse zum Verfeinern, je nach Angebot auf dem Markt

Zubereitung:

1. Die Kartoffeln in kaltes Wasser legen und die Schale mit einer Gemüsebürste säubern. Anschließend die Kartoffeln in kleine Würfel schneiden. Die Bratkartoffeln werden aus rohen Kartoffeln zubereitet.
2. Die Zwiebelpellen und in feine Würfel schneiden.
3. Den Brokkoli putzen und in kleine Röschen zerteilen.
4. Das Öl in einer Pfanne erhitzen und zuerst die puren Kartoffelwürfel hineingeben. Die Kartoffeln anbraten, bis sie von allen Seiten eine gleichmäßige Bräune haben. Die Zwiebel und den Brokkoli zufügen und mit Salz und Pfeffer würzen.
5. Das Gemüse für ca. 10 Minuten schmoren lassen, dabei gelegentlich wenden.
6. In der Zwischenzeit die Beeteknolle schälen und in Würfel schneiden. Etwas vom Grün fein hacken. Kurz vor Ende der Garzeit die Beetewürfel zusammen mit dem Grün zum Gemüse geben.
7. Das Gericht auf Teller portionieren und mit Kresse oder Sprossen anrichten.

Tipp:

Die Kartoffelpfanne kann auch mit Blumenkohl zubereitet werden.

Nudeln vom Kürbis mit Mangold Soße

Kohlenhydrate werden oft kritisch betrachtet und sollten am Abend nicht regelmäßig verzehrt werden. Das bedeutet oft den Verzicht auf die geliebte Pasta. Ein Butternut Kürbis sorgt hier für Ersatz. Das Fleisch ist allerding sehr hart und zum Schneiden wird ein guter Spiralschneider benötigt.

Zubereitungszeit 30 Minuten.

Zutaten für 2 Portionen

2 Stauden Mangold, gern bunt // 300 g Butternutkürbis
150 ml Sahne // 1 Zwiebel // 1 Knoblauchzehe
1 TL Puderzucker // 2 EL Zitronensaft // 1 EL Pflanzenöl
Salz und frisch gemahlener Pfeffer
frisch geriebene Muskatnuss

Zubereitung

1. Den Kürbis schälen und mit einem Spiralschneider in Streifen schneiden. Bis zur Verwendung zur Seite stellen. Den Mangold abwaschen und Stiele von den Blättern trennen. Die Stiele in mundgerechte Stücke schneiden.
2. In einer Pfanne mit Deckel 1 TL des ÖL erwärmen und die Mangoldstiele unter Rühren darin anbraten. Den Puderzucker darüber stäuben. Den Mangold bei mittlerer Hitze karamellisieren lassen und mit Pfeffer und Zitronensaft abschmecken. Den Deckel auf die Pfanne legen und das Gemüse auf der ausgeschalteten Kochplatte durchziehen lassen.
3. Das Wasser für die Kürbisnudeln zum Kochen bringen. In der Zwischenzeit die Mangoldblätter in Streifen schneiden. Zwiebel und Knoblauch pellen und fein hacken.
4. In einer zweiten Pfanne das restliche Öl erhitzen und Zwiebel und Knoblauch kurz anschwitzen. Die Mangoldblätter hinzufügen, mit der Sahne angießen und kurz aufkochen. Mit etwas Salz, Pfeffer und Muskatnuss würzen.
5. Die Kürbisnudeln in das leicht gesalzene Wasser geben und für 3-4 Minuten kochen. Abgießen und abtropfen lassen. Die Kürbisnudeln auf Teller anrichten und zusammen mit den Mangoldstielen und der Sahnesoße servieren.

Tipp:

Falls noch kein Kürbis auf dem Markt erhältlich ist, können die Nudeln auch aus Kohlrabi, Möhren oder Zucchini zubereitet werden.

Lauchkuchen vom Blech

Wenn im Sommer die Auslagen der Gemüsestände üppig gefüllt sind, sind auch die ersten Lauchstangen dabei. Das Gemüse ist jetzt noch zart und auch der grüne Teil ist noch nicht so hart. Grund genug ein ganzes Blech mit dem würzigen Gemüse zu backen. Der Kuchen kann kalt überall gegessen werden. Im Büro, am Strand, beim Picknick etc.

Zubereitungszeit: 30 Minuten zuzüglich Backzeit.

Zutaten für ein Backblech:

400 g Mehl // 6 EL Milch mit 3,5 % Fett
6 EL Pflanzenöl + 1-2 EL Öl zum Braten
150 g Magerquark // 1 Pck. Backpulver // 1 TL Salz
1,5 kg Lauch // 250 g Sauerrahm oder Schmand
3 Eier in Größe M
150 g geriebener Emmentaler // Salz und frisch gemahlener Pfeffer
etwas frisch geriebene Muskatnuss

Zubereitung:

1. Aus Mehl, Öl, Quark, Backpulver und Salz einen glatten Teig zubereiten. Den Teig zu einer Kugel formen und für 30 Minuten kühl stellen.
2. Den Backofen auf 180 °C bei Umluft vorheizen. Ein Backblech mit Backpapier auslegen.
3. Die Lauchstangen vorbereiten. Dazu die Wurzeln abschneiden und den Lauch längs bis zur Mitte aufschneiden. Unter fließendem Wasser die Sandreste zwischen den Schichten herausspülen. Anschließen die Stangen in feine Ringe schneiden.
4. In einer Pfanne 1-2 EL Öl erhitzen und die Lauchringe darin anschwitzen, bis das Gemüse leicht glasig ist. Den Sauerrahm und die Eier verrühren und 100 g des geriebenen Käses darunterheben. Mit Salz, Pfeffer und Muskatnuss würzen. Zum Schluss den Lauch unter die Eiermasse heben.
5. Den Teig ausrollen und auf das Backblech legen. Die Lauchmischung gleichmäßig auf dem Teig verteilen und mit dem restlichen Käse bestreuen. Den Lauchkuchen für ca. 30 Minuten backen und vor dem Portionieren etwas auskühlen lassen.

Tipp:

Zum Abendessen mit einem kleinen gemischten Salat servieren.

Sommersandwich

Belegte Brote sind ein wenig aus der Mode gekommen. Im Sommersandwich kommt zwischen die beiden Brotscheiben aromatisches Sommergemüse mit ganz viel Geschmack.

Zubereitungszeit: 10 Minuten.

Zutaten für 2 Portionen:
4 Scheiben Sandwichbrot
1/2 Salatgurke
1/2 Bund Rucola
2 Strauchtomaten
1 Zwiebel
8 EL Tomatenpesto aus dem Glas
1 EL Olivenöl

Zubereitung:

1. Zwiebel abziehen und in Ringe schneiden. Tomaten in Scheiben schneiden.
2. In einer kleinen Pfanne das Öl erwärmen und die Zwiebelringe mit den Tomaten darin anschwitzen.
3. In der Zwischenzeit das Brot toasten und jede Scheibe mit Tomatenpesto bestreichen.
4. Rucola putzen, Gurke abspülen und in dünne Scheiben hobeln.
5. Die Brote mit dem Gemüse belegen und knusprig warm genießen.

Bandnudeln mit Grünen Bohnen und Pfifferlingen

Frische Grüne Bohnen gibt es im Sommer im Überfluss. Grund genug, die grünen Stangen auch einmal mit Pasta zu kombinieren. Anstelle der Pfifferlinge kann die Soße auch mit Champignons zubereitet werden.

Zubereitungszeit: 30 Minuten.

Zutaten für 2 Portionen:

200 g Pilze:
120 g Grüne Bohnen
250 g breite Bandnudeln
150 ml Gemüsebrühe
150 ml Sahne
20 g geriebener Parmesan // 2 TL Zitronensaft
1 Zwiebel
2 EL Pflanzenöl
Salz und frisch gemahlener Pfeffer
3 Stiele Bohnenkraut

Zubereitung:

1. Bohnen putzen, abspülen und einmal durchschneiden. Pilze mit einer weichen Bürste säubern.
2. In einem kleinen Topf leicht gesalzenes Wasser zum Kochen bringen und die Bohnen für ca. 10 Minuten kochen.
3. Die Zwiebel abziehen und fein hacken.
4. Öl in einer Pfanne erhitzen. Zwiebel und Pilze darin scharf anbraten. Brühe und Sahne angießen und für 5-6 Minuten einkochen lassen. Bohnen in die Sahnesoße geben und mit Salz und Pfeffer würzen.
5. In der Zwischenzeit die Bandnudeln nach Packungsanweisung zubereiten.
6. Bohnenkraut küchenfertig vorbereiten. Die Nudeln in die Sahnesoße geben und unterheben. Mit Bohnenkraut und Zitronensaft abschmecken.
7. Die Nudeln mit Parmesan servieren.

Käsepaprika auf Blattsalat

Eine Füllung aus Feta und Hüttenkäse macht die Paprikaschoten zu einem leichten und sommerlichen Abendessen.

Zubereitungszeit: 35 Minuten.

Zutaten für zwei Portionen:

2 große Paprikaschoten nach Wahl
150 g Hüttenkäse
100 g Feta
2 Eier in Größe M
400 g gemischte Blattsalate nach Belieben
3 EL Pflanzenöl + etwas Öl für die Auflaufform
3 EL Obstessig
1 EL Honig
Salz und frisch gemahlener Pfeffer // einige feingehackte Oreganoblätter

Zubereitung:

1. Backofen auf 175 °C vorheizen und eine Auflaufform ganz leicht mit Öl ausstreichen.
2. Paprikaschoten abspülen, halbieren und die Kerne im Inneren entfernen.
3. Feta mit einer Gabel leicht zerdrücken, unter den Hüttenkäse rühren und mit den Eiern vermengen. Salzen, pfeffern und den Oregano zufügen.
4. Käsemischung auf die Paprikaschoten aufteilen und für 20-25 Minuten backen, bis die Masse gestockt ist.
5. In der Zwischenzeit den Salat vorbereiten und aus Essig, Öl, Salz, Pfeffer und Honig ein Dressing anrühren.
6. Die Paprikaschoten mit dem Salat anrichten und warm genießen.

HERBST

Cremige Sellerie-Suppe

Unter der knotigen Schale des Selleries verbirgt sich ein feines Gemüse mit einem unverwechselbaren Aroma. Sellerie harmoniert mit etwas Süße, so verbindet er sich in dieser Suppe mit einem Apfel.

Zubereitungszeit: 45 Minuten.

Zutaten für 2 Portionen:
300 g Knollensellerie
1/2 Apfel, z. B. Elstar // 500 ml Gemüsebrühe
100 ml Sahne // 1 ½ EL Butter
etwas Salz und frisch gemahlener Pfeffer

Zubereitung:

1. Sellerie und Zwiebel schälen und beides in grobe Stücke schneiden.
2. 1 EL Butter in einem hohen Topf schmelzen und das Gemüse darin für ca. 5 Minuten anschwitzen.
3. Gemüsebrühe angießen, den Deckel auf den Topf legen und die Suppe für 20 Minuten köcheln lassen.
4. Den Apfel in Würfel schneiden und in einer beschichteten Pfanne mit der restlichen Butter anbraten.
5. Die Suppe nach Ende der Garzeit mit einem Pürierstab cremig mixen und mit der Sahne verfeinern. Mit Salz und Pfeffer abschmecken und den gebratenen Apfelwürfeln servieren.

Tipp:

Zur Suppe passt geröstetes Roggenbrot.

Topinambur-Suppe mit knusprigen Chips

Wenn die Tage kühler werden, ist eine cremige Suppe ein Wohlfühlessen. Die Augen nach Topinambur auf dem Markt offen zu halten, lohnt sich. Das vergessene Gemüse gibt der Suppe eine feine Cremigkeit und benötigt keine Sahne. Durch ihre besonderen Zutaten eignet sich die Suppe als Vorspeise zu einem festlichen Essen.

Zubereitungszeit: ca. 45 Minuten.

<u>Zutaten für 2 Portionen:</u>
750 g Topinambur // 250 g Lauch mit Grün // 1 Knoblauchzehe
2 EL Olivenöl // 1-2 getrocknete Lorbeerblätter // etwas frisch geriebene Muskatnuss
Meersalz und frisch gemahlener Pfeffer nach Geschmack
ca. einen Liter Öl zum Frittieren

Zubereitung:

1. Die Knollen der Topinambur werden einmal als Suppenbasis verwendet und zusätzlich zu knusprigen Chips gebacken, die als Suppeneinlage einen knackigen Effekt erzeugen. Für die Suppe 600 g Topinambur schälen und in Würfel schneiden.
2. Den Lauch putzen und sorgfältig den Sand abspülen. Den Lauch mit möglichst viel Grün in feine Ringe schneiden. Die Knoblauchzehe putzen und fein hacken.
3. Das Olivenöl in einem Topf erhitzen und den Knoblauch leicht andünsten. Lauch dazugeben und anschwitzen. Die Würfel vom Topinambur dazugeben und mit ca. 750 ml Wasser auffüllen. Lorbeerblätter und Muskatnuss zugeben und mit Salz und Pfeffer nach Geschmack würzen. Die Suppe zugedeckt für 30 Minuten köcheln lassen.
4. Während der Kochzeit die Topinambur-Chips zubereiten. Die Knollen schälen und mit einem Gemüsehobel oder einem scharfen Messer in dünne Scheiben schneiden. Die Scheiben auf Küchenpapier legen und abtupfen. Das Öl zum Frittieren in einem weiten Topf oder einer hohen Pfanne erhitzen. Das Öl ist heiß genug, wenn Bläschen aufsteigen. Die Chips in kleinen Portionen ausbacken und auf Küchenpapier abtropfen lassen. Anschließend mit etwas Salz und Pfeffer würzen.
5. Vor dem Pürieren der Suppe die Lorbeerblätter aus dem Topf nehmen. Danach die Suppe pürieren, bis das Gemüse cremig und glatt ist. Zum Servieren in Schalen füllen und mit den Chips garnieren. Nach Bedarf nachwürzen.

<u>Tipp:</u>

Einige Tropfen Olivenöl auf der Suppe kitzeln noch mehr Aroma aus der Gemüsesuppe

Geschmortes Fenchelgemüse mit Tomaten

Fenchel hat nur eine kurze Erntezeit, um frisch und regional auf den Markt zu kommen. Fenchel ist ein mildes und sehr magenfreundliches Gemüse. Er wird häufig in der Babynahrung verwendet und hat ein ganz typisches Aroma. Viele Essen nicht gern Fenchel, das kann aber daran liegen, dass das Gemüse häufig mit Lebensmitteln kombiniert wird, die das Aroma noch verstärken. Hier schmort der Fenchel mit sonnenreifen Tomaten, die Frische und etwas Säure in die Pfanne bringen.

Zubereitungszeit: ca. 35 Minuten.

Zutaten für 2 Portionen:

2 kleine Fenchelknollen
300 g Tomaten, gern farblich gemischt
2 kleine Zweige Rosmarin
2 EL Olivenöl
7-8 EL Gemüsebrühe // Salz und Pfeffer
Nach Geschmack etwas Weichkäse zum darüber streuen

Zubereitung:

1. Die Fenchelknollen waschen und die grünen Stängel an der Oberseite abschneiden. Das Fenchelgrün bis zur späteren Verwendung zur Seite legen. Die Knollen vierteln und jeweils den harten Strunk im Inneren herausschneiden.
2. Den Fenchel in feine Streifen schneiden.
3. Die Tomaten waschen und den Stielansatz entfernen. Die Tomaten in Würfel schneiden.
4. Die Nadeln des gewaschenen Rosmarins abstreifen und hacken.
5. Öl in einer beschichteten Pfanne mit Deckel erhitzen und die Fenchelstreifen für wenige Minuten anbraten. Die Gemüsebrühe zugeben und mit Salz und Pfeffer würzen. Die Pfanne verschließen und den Fenchel für ca. 5 Minuten bei schwacher Hitze dünsten.
6. Tomatenwürfel und Rosmarin zum Fenchel in die Pfanne geben, eventuell etwas nachwürzen und das Gemüse für weitere 5 Minuten in der geschlossenen Pfanne dünsten. In der Zwischenzeit das Fenchelgrün fein hacken und vor dem Servieren über das Gemüse geben.
7. Zu dieser Gemüsepfanne passt ein knuspriges Baguette.

Wirsingrouladen mit Champignonfüllung

Wirsing ist eine Kohlart mit einem feinen Eigengeschmack. Die Blätter liegen locker um den Strunk und bieten sich an, im Ganzen verwendet zu werden. Der Krauskopf hat im Herbst eine dunklere Farbe als im Frühjahr und ein volleres Aroma. Die Rouladen lassen sich vorbereiten und sind perfekt für ein geselliges Essen.

Zubereitungszeit: ca. 25 Minuten zum Vorbereiten und 20-30 Minuten Backzeit.

Zutaten für 2 Portionen:
1 kleiner Wirsingkohl
1 Zwiebel
100 g frische Champignons // 2 EL ÖL
100 g mittelalter Gouda
einige Blätter frischen Salbei // Salz und Pfeffer
etwas Öl für die Auflaufform

Zubereitung:

1. Vom Wirsingkohl die äußeren Kohlblätter entfernen, so dass der etwas festere Kopf übrigbleibt. Den Strunk flach abschneiden und kreuzweise einritzen.
2. Den Kohl in eine Schüssel legen und mit kochendem Wasser übergießen. Anschließend für ca. 5 Minuten im Wasser liegen lassen. Wirsing herausnehmen und zum Abtropfen und Abkühlen in ein Durchschlagsieb geben. In der Zwischenzeit die Zwiebel putzen und in feine Würfel schneiden.
3. Die Champignons mit einem Pinsel reinigen, die Unterseite vom Fuß abschneiden und klein hacken.
4. Vom Wirsingkopf die äußeren Blätter vorsichtig entfernen. Es sollten vier schöne Blätter dabei sein, so dass pro Portion zwei Rouladen gefüllt werden können. Sollten Risse oder Löcher in den Blättern sein, einfach ein kleines Stück Wirsing von innen darauf legen. Bei sehr kleinen Blättern eventuell zwei Wirsingblätter zusammenlegen. Den restlichen Wirsing kleinschneiden.
5. Den Käse fein reiben.
6. In einer ausreichend großen Pfanne das Öl erhitzen. Zwiebel, Champignons, Salbei und Kohl nach und nach hineingeben und jeweils etwas anbraten lassen. Mit Salz und Pfeffer würzen und die Hälfte des geriebenen Käses darunterheben.
7. Den Backofen auf 175 °C (Umluft) vorheizen.

8. Die Gemüsemischung auf die Kohlblätter verteilen und den Wirsing aufrollen. Dazu erst die unteren Enden einschlagen und dann rollen. Zur Not mit einer Rouladennadel zusammenhalten oder Rouladengarn verwenden.
9. Eine kleine Auflaufform mit etwas Öl einpinseln und die Kohlrouladen hineinsetzen. Den restlichen Käse darüber streuen und für 20-30 Minuten backen.

Zu den Kohlrouladen passt eine Senfsoße:

In einem kleinen Topf erhitzen, bis es fast kocht. Eine Schüssel auswählen, die auf den Topfrand passt. In dieser Schüssel 2 Eigelbe in Größe M mit 2 TL mildem Senf und 250 g Schmand verrühren. Die Schale auf das Wasserbad stellen und mit dem Quirl des Handrührgeräts aufschlagen, bis eine schaumige Soße entstanden ist. Die Soße darf nicht kochen.

Tipp:

Vollwertig werden die Wirsingrouladen mit einer Füllung aus Grünkern. Dazu 50 g Grünkerngrütze in 150 ml Gemüsebrühe kochen. Und die weiche Grütze als Champignonersatz verwenden. Diese Füllungsvariante benötigt mehr Würze, daher reichlich frische Kräuter unterheben.

Überbackener Mangold

Mangold zaubert mit seinen bunten Stangen Farbe auf den Tisch. Der Geschmack wird oft mit Spinat verglichen. Mangold ist auf jeden Fall vergleichbar mild, bringt allerdings einen höheren Stangenanteil mit. Mit einem geschmackvollen Käse und etwas Crème fraîche wird aus dem Gemüse eine vollständige Mahlzeit.

Zubereitungszeit: 20 Minuten zuzüglich 30 Minuten zum Backen.

Zutaten für 2 Portionen:

400 g Mangold
100 g würziger Käse, z. B. Comtée oder ein mittelalter Gouda
2-3 EL Crème fraîche
etwas frisch geriebene Muskatnuss Salz und Pfeffer

Zubereitung:

1. Einen kleinen Topf mit Wasser zum Kochen bringen.
2. Den Mangold sorgfältig waschen und vollständig in Stückchen schneiden.
3. Mangold für 5 Minuten in das kochende Wasser geben und abgießen.
4. Das Gemüse in einer Schüssel mit Crème fraîche mischen und mit den Gewürzen abschmecken.
5. Die Mangoldmischung in eine Auflaufform geben.
6. Käse reiben und über das Gemüse streuen.
7. Den Mangold für ca. 30 Minuten überbacken.

Penne mit Romanesco und Radicchio

Radicchio ist ein typischer Begleiter von Salaten. Hier gehört er, neben Romanesco, zu einem herbstlichen Begleiter von Pasta. Romanesco ist grüner Blumenkohl und hat eine ganz besondere Röschen-Form. Walnüsse runden das Aroma ab und geben dem Gericht einen zarten Biss.

Zubereitungszeit: 30 Minuten Vorbereitung und 30 Minuten für das Kochen.

Zutaten für 2 Portionen:

1 kleiner Kopf Romanesco
½ Kopf Radicchio
250 g Penne oder andere kurze Nudeln
1 Handvoll frische Walnüsse
3-4 EL Olivenöl
1-2 Knoblauchzehen
100 g frisch geriebener Parmesan
Salz und Pfeffer nach Geschmack

Zubereitung:

1. Den Romanesco in Röschen teilen und diese für 15 Minuten in leicht gesalzenem Wasser garen. Den Kohl abgießen und zur Seite stellen. Etwas vom Kochwasser auffangen.
2. Wasser für die Nudeln aufstellen und die Pasta nach Packungsanweisung kochen.
3. Den Radicchio abblättern und in grobe Stücke schneiden.
4. Knoblauch pellen und fein hacken. Die Walnusskerne grob hacken.
5. Das Olivenöl in einer großen Pfanne erhitzen. Knoblauch etwas anbraten, Radicchio und Romanesco dazugeben und leicht anbraten. Die abgetropften Nudeln dazugeben und unterheben. Einige Löffel vom Romanesco-Kochwasser zugeben. Mit Salz und Pfeffer würzen und mit Parmesan bestreut servieren.

Kürbis frites mit cremiger Senfsoße

Der Herbst ist die Nachsaison der großen Hauptdarsteller. Sie überbieten sich in Farbenpracht und stechen sich in Solorollen aus. Der Kürbis ist einer der Stars der Saison. Schon Cinderella hätte es ohne ihn niemals zum Ball geschafft. Unser Kürbis wird in diesem schnellen Gericht zum Solokünstler. Die Zubereitungsart ist kalorienreich, aber manchmal muss man auch einfach einmal über die Stränge schlagen. Cinderella hätte ihren Prinzen sonst niemals gefunden.

Zubereitungszeit: ca. 30 Minuten.

Zutaten für zwei Portionen:

300 g Fruchtfleisch vom Riesenkürbis ohne Kerne und Fasern
1 Becher Crème fraîche
3 EL körniger Senf // Salz und Pfeffer
Öl zum Frittieren

Zubereitung:

1. Das Öl in einem passenden Topf oder einer Fritteuse erhitzen.
2. Das Kürbisfleisch in Streifen schneiden, die an Pommes frites erinnern.
3. Die Kürbissticks mit Küchenpapier oder einem Tuch etwas trocken tupfen.
4. Das Öl mit einem Holzstäbchen prüfen. Steigen Bläschen am Holz auf, hat das Öl ausreichend Temperatur.
5. Das Kürbisfleisch für ca. 5 Minuten frittieren.
6. Aus Crème fraîche, Senf, Pfeffer und Salz einen Dip anrühren und abschmecken. Den Dip mit den frittierten Kürbisstreifen servieren.

Tipp:

Frittiertes ist kein Essen für jeden Tag, aber manchmal darf sich jeder diesen Knuspergenuss gönnen.

Wurzelgemüse im Schlafrock

Im Herbst gibt es unterschiedliche Sorten Wurzelgemüse. Das Gemüse hat nach dem Sommer ein kräftigeresAroma als noch im Frühjahr. Die kleinen Blätterteigtaschen umhüllen alles, was das Gemüsebeet jetzt hergibt. Das Gemüse kann nach Geschmack abgewandelt werden. Interessant sind die gelben Karotten. Alte Karottensorten zeigen sich in unterschiedlichen Variationen. Violette, gelbe und weiße Sorten sorgen für eine farbenfrohe Überraschung beim Anschneiden.

Zubereitungszeit: ca. 90 Minuten, inklusive Backzeit.

Zutaten für 8 Blätterteigtaschen:

3 Karotten // 2 gelbe Karotten // 1 mittelgroße Steckrübe
1 große Pastinake // 1 kleiner Knollensellerie // 4 mittlere Kartoffeln
2 Stangen Lauch // 1 rote Zwiebel
6 EL Olivenöl // Salz und Pfeffer
1 TL Thymian, frisch oder getrocknet
2 Rollen frischer Blätterteig aus dem Kühlregal // 2 Bögen Backpapier
1-2 Eigelb zum Bestreichen des Blätterteigs

Es gibt nur sehr wenige Lebensmittel, bei denen das Fertigprodukt den Vorzug vor dem Selbermachen hat. Blätterteig gehört dazu. Blätterteig selber zu machen, ist sehr aufwendig, zeitintensiv und erfordert viel Backerfahrung. Blätterteig in der Qualität eines Frischteigs zuzubereiten ist kaum möglich.

Zubereitung:

1. Den Backofen auf 200 °C vorheizen und ein Backblech mit Backpapier auslegen. Das Gemüse putzen und in mundgerechte Stücke schneiden. Die Lauchstangen seitlich aufschneiden und den Sand herausspülen, dann in Ringe schneiden, bis das Grün zu hart wird. Die Zwiebel pellen, halbieren und in schmale Ringe schneiden.
2. Aus Öl, Thymian, Salz und Pfeffer eine Marinade anrühren und mit dem vorbereiteten Gemüse vermischen.
3. Die Gemüsemischung auf das Backblech geben und für ca. 30 Minuten backen. Dabei gelegentlich etwas wenden, damit ein rundum goldbraunes Gemüse gebacken wird.
4. In der Zwischenzeit jede Blätterteigrolle aufrollen und in vier Teile schneiden.
5. Die Gemüsemischung auf die Blätterteigrechtecke verteilen. Nur so viel darauf geben, dass am Ende Taschen aus dem Teig geformt werden können, ohne an den Seiten einzureißen. Es ist möglich, dass etwas von der Gemüsemischung übrigbleibt.
6. Die gefüllten Taschen auf ein Backblech mit einem frischen Bogen Backpapier setzen und

mit etwas verquirltem Eigelb bepinseln. Die Blätterteigtaschen für ca. 15 Minuten backen.

7. Zu den Gemüsetaschen passt ein Dip aus Crème fraîche mit Thymian. Dazu einen Becher Crème fraîche mit einem TL gehacktem Thymian verrühren und mit Kräutersalz und Pfeffer abschmecken.

Tipp:

Bleibt etwas von der Gemüsemischung übrig, so kann dies als Salat am nächsten Tag gegessen werden. Das Öl und die Gewürze haben sich dann gut mit dem Gemüse verbunden und ergeben einen sättigenden Salat.

Die Blätterteigtaschen sind kalt eine gute Mahlzeit im Büro. Blätterteig wird beim Aufwärmen etwas weich, schmeckt aber auch aufgewärmt.

Tarte mit frischen Waldpilzen

Frische Waldpilze sind ein ganz besonderer Schatz und das Aroma ist mit keinem anderen Gemüse vergleichbar. Viele Liebhaber dieser Delikatesse streifen im Herbst durch die Wälder auf der Suche nach den schönsten Exemplaren. Auf vielen Märkten gibt es jetzt Pfifferlinge und Maronen in guter Qualität. Außerhalb der Waldpilzsaison können frische Champignons verwendet werden. Die Tarte ist mit Blätterteig zubereitet der die Pilze knusprig umhüllt.

Zubereitungszeit: ca. 50 Minuten.

Zutaten für eine kleine Springform mit 20 cm Durchmesser:

1 Boden frischer Blätterteig aus der Kühltheke
300 g Waldpilze nach Wahl // 1 kleine Zwiebel // 1 EL Olivenöl
Eier in Größe M 200 g // Schmand
1 Bd. Petersilie // 1 Zweig frischer Rosmarin // 10 g Butter
30 g geriebener Parmesan
1 Knoblauchzehe // Salz und Pfeffer

Zubereitung:

1. Die Pilze mit einem Pinsel oder einem Küchenpapier säubern. Pilze nehmen schnell Wasser auf und Abspülen mindert das Aroma.
2. Pilze grob zerkleinern. Zwiebel, Knoblauch und Rosmarinnadeln putzen und fein hacken.
3. Eine beschichtete Pfanne erhitzen und 1 EL Olivenöl hineingeben. Die Pilze rundherum anbraten. Etwas Butter, Knoblauch und Zwiebel dazugeben und kurz weiterschmoren, bis alles eine sämige Bindung eingegangen ist. Die Pfanne vom Herd nehmen und die Pilze salzen, pfeffern und mit dem Rosmarin würzen.
4. Den Backofen auf 200 °C Ober- und Unterhitze vorheizen.Während die Pilzmischung auskühlt, die Backform vorbereiten und mit Butter auspinseln.
5. Den Blätterteig aufrollen und in die Backform legen. Den Rand der Backform ebenfalls gleichmäßig mit dem Blätterteig auslegen. Teig, der über die Form hinausreicht, kann abgeschnitten werden oder nach dem Füllen über die Füllung gelegt werden. Blätterteig an der Oberseite benötigt eine leichten Einstrich mit Eigelb.
6. Den Guss aus Schmand, Eiern, Speisestärke und fein gehackter Petersilie anrühren. Mit Salz abschmecken und den Parmesankäse unterheben. Die inzwischen kühle Pilzmasse unter den Guss ziehen und alles auf den Blätterteigboden gießen.
7. Die Pilztarte für ca. 30 Minuten backen, bis der Blätterteig goldbraun und knusprig ist.

Knusprige Sellerieschnitzel

Knollensellerie gibt es fast den ganzen Winter frisch vom Feld. Leider wird die tolle Knolle schnell verkannt und nur als Suppengewürz akzeptiert. Besonders der Sellerie, der im Herbst geerntet wird, ist voller Vitamine, die er den Sommer über gespeichert hat. In Scheiben geschnitten kann Knollensellerie knusprig paniert werden und zaubert damit ein Gefühl von Schnitzel auf den Teller. Lecker dazu ist ein Kräuterquark.

Zubereitungszeit: ca. 30 Minuten.

Zutaten für zwei Portionen:

Für die Sellerieschnitzel:
500 g Knollensellerie, ungefähr eine ½ Knolle // 2-3 EL Mehl
2 Eier in Größe M // 100 g Paniermehl // Etwas Öl zum Braten
Salz, Pfeffer und Zitronensaft nach Geschmack

Für den Kräuterquark:
250 g Magerquark // 4 EL fettarme Milch

Zwei Handvoll gemischte Kräuter:
Petersilie, Schnittlauch, Kresse, aber auch Frühlingszwiebeln und Knoblauch
Salz und Pfeffer zum Abschmecken

Zubereitung:

1. Für den Kräuterquark den Quark mit der Milch glattrühren. Die Kräuter waschen und eventuell von den Stielen zupfen. Die Kräuter, eventuell Knoblauch oder eine Chilischote so fein wie möglich hacken und unter den Quark ziehen. Mit Salz und frisch gemahlenem Pfeffer abschmecken.
2. Den Sellerie schälen und in Scheiben schneiden. Die Scheiben sollten eine Dicke von einem ½ cm haben. Große Scheiben einmal in der Mitte durchschneiden.
3. Leicht gesalzenes Wasser zum Kochen bringen und die Selleriescheiben darin für 1-2 Minuten blanchieren. Das Wasser abgießen, die Selleriescheiben kalt abschrecken und auf einem Tuch abtrocknen lassen. Das Mehl und das Paniermehl getrennt voneinander in einen tiefen Teller geben.
4. Die Eier in einem tiefen Teller aufschlagen und verquirlen.
5. Ausreichend Öl in einer beschichteten Pfanne erhitzen.

6. Die Selleriescheiben zuerst im Mehl wenden, dann in der Eimasse und zum Schluss im Paniermehl.
7. Sellerie direkt nach dem Panieren in die Pfanne geben und von jeder Seite 1-2 Minuten braten, bis die Panade goldgelb ist. Nach dem Braten kurz auf Küchenpapier legen, um das überschüssige Fett abtropfen zu lassen.
8. Die Sellerieschnitzel mit dem Kräuterquark servieren.

Tipp:

Hierzu passt zusätzlich ein gemischter Blattsalat.

Tortilla mit Kartoffeln und Kürbis

Aus Spanien stammt das würzige Kartoffelomelett. Zusammen mit feinem Hokkaido-Kürbis und Frühlingszwiebeln wird das ehemalige Reste-Essen zu einem herbstlichen Augenschmaus und einer leichten Mahlzeit. Der Hokkaido hat den großen Vorteil, dass die Schale verzehrt werden kann und das Schälen entfällt. Mit Kartoffeln vom Vortag ist die Tortilla schnell zubereitet und lässt sich wunderbar am nächsten Tag noch einmal aufwärmen.

Zubereitungszeit: ca. 30 Minuten.

Zutaten für 2 Portionen:

300 g Hokkaido-Kürbis // 200 g festkochende Pellkartoffeln, gegart
½ Bd. Frühlingszwiebeln // 4 Eier in der Größe M // 4 EL fettarme Milch
2 EL Olivenöl // ½ Bd. Petersilie // Frisch geriebene Muskatnuss // Salz und Pfeffer

Das Gericht verträgt etwas Schärfe und ganz nach Geschmack kann dem Gemüse eine feingehackte rote Chilischote zugegeben werden.

Zubereitung:

1. Den Hokkaido-Kürbis sorgfältig waschen und halbieren. Die Kerne entfernen und die faserigen Bestandteile mit einem Löffel herauskratzen. Den Kürbis zuerst in Spalten von ca. 3 cm dicke schneiden. Die Spalten dann quer in dünne Scheiben schneiden. Die kalten Kartoffeln pellen und ebenfalls in Scheiben schneiden. Kürbis- und Kartoffelscheiben sollten ungefähr die gleiche Stärke haben. Die Frühlingszwiebeln putzen und vollständig in feine Ringe schneiden. Einige Ringe zur Dekoration zurücklegen. Den Backofen auf 180° vorheizen.
2. In einer Schüssel Eier und Milch gut verquirlen und die Eiermilch mit Salz, Pfeffer und Muskatnuss würzen. Die Petersilie von den Stängeln zupfen, abbrausen, trocken tupfen und fein hacken. Die Petersilie ebenfalls in die Eiermilch geben. Die Pfanne für die Tortilla sollte ofenfest sein und eine Beschichtung haben. Für zwei Portionen ist eine Pfanne von 20 cm Durchmesser ausreichend.
3. Das Öl in der Pfanne erhitzen und den Kürbis zuerst für ca. 5 Minuten anbraten. Die Frühlingszwiebeln dazugeben, mit Salz und Pfeffer würzen und eventuell mit Chili ergänzen. Die Kartoffelscheiben vorsichtig unterheben und an der Pfanne rütteln, bis das Gemüse gleichmäßig in der Pfanne liegt.
4. Die Eiermasse über das Gemüse gießen und die Pfanne in den Ofen schieben. Die Tortilla hat eine Garzeit von ca. 20-25 Minuten auf der mittleren Einschubleiste. Vor dem Servieren die Tortilla mit den frischen Frühlingszwiebeln bestreuen. Zur Tortilla passt gut ein kleiner Blattsalat mit den letzten Tomaten der Saison.

Flammkuchen mit Kürbis

Flammkuchen ist ein Klassiker, der häufig mit deftigem Speck und Zwiebeln zubereitet wird. Dazu kommt ein Boden auf Hefeteigbasis. Dieser Boden kommt ganz ohne Hefe aus und ist entsprechend schnell fertig.

Zubereitungszeit: 30 Minuten.

<u>Zutaten für 2 Portionen:</u>
330 g Weizenmehl
6 TL Pflanzenöl
½ TL Salz // 180 ml Wasser
175 g Fleisch vom Hokkaido-Kürbis
2 kleine Zwiebeln
150 g Schmand // einige Rosmarinnadeln
Salz und Pfeffer
½ Bund Rucola // 1-2 Löffel Olivenöl

Zubereitung:

1. Aus Mehl, Pflanzenöl, Salz und Wasser einen glatten Teig kneten. Den Teig halbieren und auf etwas Mehl zwei Böden ausrollen.
2. Den Backofen auf 220 °C (Umluft) vorheizen.
3. Schmand mit Salz und Pfeffer abschmecken und gleichmäßig auf beide Böden verteilen.
4. Den Kürbis putzen und entkernen und die Zwiebel abziehen.
5. Kürbis und Zwiebeln mit dem Hobel in dünne Streifen schneiden. Die Rosmarinnadeln fein hacken.
6. Teigboden mit Kürbisfleisch und Zwiebeln belegen. Salzen und Pfeffern und mit Rosmarin bestreuen.
7. Backbleche mit Backpapier auslegen, die Flammkuchen darauflegen und für 15 Minuten backen.
8. Den Rucola abspülen und trocken tupfen. Nach dem Backen auf dem Flammkuchen verteilen und etwas Olivenöl darüber träufeln.

Herzhafter Graupeneintopf

Gerste ist die Basis von Graupen, ein Getreide, das wahrscheinlich völlig zu Recht aus den Küchen verbannt wurde. Mit den richtigen Begleitern wird aus Graupen ein wärmender Eintopf.

Zubereitungszeit: 60 Minuten.

Zutaten für 2 Portionen:

200 g gemischte Pilze, z. B. Champignons, Portobello, Kräuterseitling
1 kleine Karotte // ½ Knollensellerie // 1 kleine Zwiebel
½ Kopf Blumenkohl // 60 g Graupen
50 g geriebener Bergkäse // 1/4 Bund Schnittlauch
1 EL gehackte Petersilie
1 EL Pflanzenöl
400 ml Gemüsebrühe
50 ml Sahne
Salz und frisch gemahlener Pfeffer

Zubereitung:

1. Pilze mit einer weichen Bürste säubern und in Scheiben schneiden. Karotte, Sellerie und Zwiebel putzen und in kleine Würfel schneiden. Blumenkohl in kleine Röschen zerteilen.
2. Graupen sorgfältig mit Wasser abspülen. Käse grob reiben. Schnittlauch und Petersilie waschen und grob hacken.
3. Öl in einem Topf erhitzen. Karotte, Sellerie und Zwiebel kräftig anbraten. Es sollen sich schöne Röstaromen bilden. Pilze zum Gemüse geben und weitere 5 Minuten kräftig braten.
4. Mit der Gemüsebrühe ablöschen und aufkochen. Die Blumenkohlröschen und die Graupen in die Brühe geben.
5. Die Suppe für 30 Minuten köcheln lassen.
6. Die Sahne zur Suppe geben und mit offenem Topf noch einige Minuten kochen lassen. Mit Salz und Pfeffer nach Geschmack würzen und mit den Kräutern verfeinern.
7. Die Graupensuppe in Schälchen und mit dem geriebenen Bergkäse servieren.

Sandwich mit Champignons und glasierten Zwiebeln

Knuspriges Brot mit knusprigen Champignons und zubereiteten Zwiebeln machen ein einfaches Brot zum Wohlfühlessen.

Zubereitungszeit: 15 Minuten.

Zutaten für 2 Portionen:
4 Scheiben Sandwichbrot
4 mittlere Champignons
1 Zwiebel
1 Knoblauchzehe
1 EL Pflanzenöl
2 EL Balsamico-Essig
2 Scheiben Bergkäse
etwas Frischkäse mit Kräutern oder Senf

Zubereitung:

1. Zwiebel abziehen und in feine Ringe schneiden, Knoblauch pellen und fein hacken.
2. Pilze säubern und in Scheiben schneiden.
3. Öl in einer kleinen Pfanne erwärmen und die Pilze mit Zwiebeln und Knoblauch darin anbraten. Mit etwas Balsamico-Essig ablöschen und mit Salz und Pfeffer abschmecken.
4. In der Zwischenzeit das Brot toasten und dünn mit Frischkäse oder etwas Senf bestreichen.
5. Das Pilzgemüse auf zwei der Brotscheiben verteilen und mit je einer Scheibe Bergkäse belegen. Die anderen Brotscheiben als Deckel auflegen und knusprig warm genießen.

Eintopf mit Weißkohl

Der frühe Weißkohl hat lockere Blätter und einen milden und feinen Geschmack. Der Weißkohl wird von Klassikern der Gemüseküche begleitet und bildet die Basis für einen ehrlichen, bodenständigen Eintopf.

Zubereitungszeit: 45 Minuten.

Zutaten für 2 Portionen:

½ Kopf Weißkohl 1 Stange Lauch
2 Kartoffeln
1 Karotte
1 Zwiebel
1 EL Pflanzenöl
2 EL gehackte Petersilie
1L Gemüsebrühe
Salz und frisch gemahlener Pfeffer
½ TL flüssige Kümmelwürze

Zubereitung:

1. Zwiebel abziehen und in Würfel schneiden. Weißkohl vierteln, den Strunk entfernen und in feine Streifen schneiden. Das Weiße vom Lauch halbieren, waschen und ebenfalls in Streifen schneiden. Kartoffeln und Karotte schälen und beides klein schneiden.
2. Das Öl in einem Topf erhitzen und die Zwiebel darin anbraten. Weißkohl und den Lauch dazugeben und mitanschwitzen. Die Gemüsebrühe angießen. Kartoffeln, Möhren dazugeben und mit Salz würzen. Ca. 30 Minuten köcheln lassen.
3. Petersilie waschen und fein hacken. Eintopf mit Kümmel, Pfeffer und Salz würzen und mit der Petersilie garnieren.

Tipp:

Ein Eintopf war früher eine gute Gelegenheit zur Resteverwertung. Dieser Eintopf ist gut geeignet, um angeschnittene Gemüsereste zu verarbeiten.

Carpaccio von Rote Beete

In diesem Carpaccio wird die Beete roh verwendet. Für die Zubereitung eignen sich kleine junge Kugeln mit Grün. Diese Beete wird oft als Bund verkauft. Bei der Zubereitung schützen Küchenhandschuhe vor der Verfärbung der Hände.

Zubereitungszeit: 20 Minuten.

Zutaten für 2 Portionen:

½ Bund Rote Beete mit Grün // 100 g Feta
50 g gehackte Walnüsse
1 EL Honig
1 EL heller Balsamico
½ TL Senf 1 EL Olivenöl
2 EL fein gehackte Petersilie // Salz und frisch gemahlener Pfeffer

Zubereitung:

1. Walnüsse in einer Pfanne ohne Fettzugabe anrösten. Dabei die Pfanne immer etwas bewegen, denn die Nüsse können leicht verbrennen. Den Honig in die Pfanne geben und unter die Nüsse heben. Leicht karamellisieren lassen. Walnüsse zum Auskühlen zur Seite stellen.
2. Die Beete schälen und mit einem Gemüsehobel in ganz dünne Scheiben schneiden.
3. Balsamico-Essig mit dem Senf verrühren und mit Salz und Pfeffer würzen. Das Öl unterschlagen.
4. Die Scheiben der Beete auf zwei flachen Tellern fächerförmig auslegen. Mit einem Löffel das Dressing gleichmäßig auf die Scheiben auftragen. Den Käse darüber bröckeln und die Nüsse hinzufügen.
5. Mit der gehackten Petersilie verfeinern und mit knusprigem Baguette servieren.

Püree mit Pastinaken und Kartoffeln

Pastinake ist ein Wurzelgemüse mit einem nussigen Geschmack. In Begleitung mit Kartoffeln ergibt sich ein aromatisches Püree mit einem hohen Sättigungsgrad.

Dazu passt, ganz klassisch, ein Spiegelei.

Zubereitungszeit: 30 Minuten.

Zutaten für zwei Portionen:
400 g Pastinaken
200 g mehlig kochende Kartoffeln
50 ml Milch mit 1,5 % Fett
50 ml Schlagsahne
1 EL Butter
Salz und frisch gemahlener Pfeffer // frisch geriebene Muskatnuss
1 EL Pflanzenöl // 2 Eier in Größe M

Zubereitung:

1. Pastinaken und Kartoffeln schälen und große Würfel schneiden. In einen Topf geben und Wasser zufügen, bis das Gemüse bedeckt ist. Etwas Salz dazu und im geschlossenen Topf ca. 15 Minuten weichkochen. Abgießen und im Topf vorsichtig ausdämpfen lassen.
2. Milch, Sahne und Butter zum Gemüse geben und mit einem Kartoffelstampfer grob zerstampfen. Mit Salz und Muskat würzen.
3. In einer beschichteten Pfanne das Öl erhitzen und zwei Spiegeleier braten.
4. Das Püree auf Tellern anrichten und mit dem Spiegelei servieren.

Tipp:

Statt eines Spiegeleis kann das Püree auch mit pochierten Eiern serviert werden.

Bandnudeln mit Pesto aus Petersilienwurzel

Die Petersilienwurzel ist ein würziges Gemüse, das einer guten Brühe ein kräftiges Aroma gibt. Zum Rohverzehr ist die Wurzel nicht bekömmlich. Im Pesto wird das Gemüse gekocht verarbeitet.

Zubereitungszeit: 35 Minuten.

Zutaten für 2 Portionen:
150 g Petersilienwurzeln
50 g blanchierte Mandeln
50 g geriebener Parmesankäse
¼ Bund Petersilie
50 ml Pflanzenöl
Salz und frisch gemahlener Pfeffer
200 g Bandnudeln

Zubereitung:

1. Petersilienwurzeln schälen und in grobe Stücke schneiden. In einem Topf leicht gesalzenes Wasser zum Kochen bringen und die Wurzelstücke für 15 Minuten garen.
2. Inzwischen Mandeln in einer heißen Pfanne ohne Fett rösten, dabei ständig rühren. Mandeln zum Auskühlen zur Seite stellen.
3. Petersilie waschen und trocken schütteln, Blättchen von den Stielen zupfen und, bis auf einige zum Bestreuen, grob hacken. Wurzeln abgießen und auskühlen lassen.
4. In einem hohen Rührbecher Wurzeln, Mandeln, die Hälfte des Parmesans, Petersilie und Öl fein körnig pürieren. Pesto mit Salz und Pfeffer kräftig abschmecken.
5. Nudeln nach Packungsanweisung zubereiten, dann abgießen und dabei ca. 50 ml Kochwasser auffangen. Nudeln mit Kochwasser und 4 EL Pesto vermengen, auf Tellern anrichten und mit Petersilie und Käse bestreuen.

Tipp:

Übriges Pesto in ein sauberes Glas füllen und mit Öl bedecken. Fest verschließen und bis zum Verzehr kaltstellen. Das Pesto passt nicht nur zu Pasta, es ist auch als Brotaufstrich sehr lecker.

Hirse Bowl mit Spitzkohl

Ein Trend in der Ernährung sind Bowls. In kleinen Schalen werden Lieblingszutaten mit besonders viel Liebe zum Detail angerichtet. Hier eine herzhafte Variante mit Spitzkohl und Hirse.

Zubereitungszeit 30 Minuten.

Zutaten für 2 Portionen

200 g Spitzkohl
100 g Hirse, schnellkochend
2 gelbe Paprikaschoten
200 ml Gemüsebrühe
50 g Edelpilzkäse, z. B. Gorgonzola
1 Knoblauchzehe
100 g Sahnejoghurt
1 TL Weißweinessig
Zucker
2 EL Milch
1 EL Pflanzenöl
Salz und frisch gemahlener Pfeffer

Zubereitung

1. Hirse abspülen und in der Brühe aufkochen. Die Hitze reduzieren und bei kleiner Hitze 10 Minuten quellen lassen.
2. Joghurt, abgezogenen Knoblauch, Käse in Würfeln, Essig, Salz, Pfeffer und Zucker zu einer Creme pürieren. Nach und nach die Milch untermixen bis eine Soße entsteht.
3. Spitzkohl küchenfertig vorbereiten und in feine Streifen schneiden. Paprika abspülen, viertel und die Kerne entfernen. Paprika in Streifen schneiden.
4. Öl in einer Pfanne erwärmen und die Paprikastreifen anbraten, mit Salz und Pfeffer würzen.
5. Hirse, Spitzkohl und Paprika in einem Schälchen anrichten und mit dem Dressing servieren.

<u>Tipp:</u>

Die Gemüsesorten können ganz nach Geschmack verändert werden.

Karottensalat mit Apfel und Hüttenkäse

Karotten gibt es auf dem Markt, neben den klassischen orangefarbenen, auch in Gelb, Weiß und einem intensiven Violett. Diese Farbvarianten machen den Salat zu einem farblichen Highlight.

Zubereitungszeit: 30 Minuten.

Zutaten für 2 Portionen:
350 g Karotten mit Kraut und bunt gemischt
100 g Hüttenkäse
1 Apfel
3-4 EL Zitronensaft
2 EL Pflanzenöl
Salz und frisch gemahlener schwarzer Pfeffer
1,5 EL flüssiger Honig
20 g Walnüsse
2 EL fein gehacktes Karottenkraut

Zubereitung:

1. Karotten mit einer Gemüsebürste schrubben. Apfel abwaschen und, ganz nach Geschmack, das Kerngehäuse entfernen oder im Ganzen für den Salat verwenden. Karotten und Apfel mit einer Reibe zu groben Raspeln verarbeiten.
2. Zitronensaft unter die Karotten mischen und mit Salz und Pfeffer abschmecken. Das Öl hinzufügen und sorgfältig vermischen.
3. Den Honig in einer kleinen beschichteten Pfanne erwärmen und die Walnüsse darin karamellisieren, bis sie eine goldgelbe Farbe angenommen haben. Die Nüsse auf einen Bogen Backpapier streichen und auskühlen lassen.
4. Den Salat auf einer Platte anrichten. Hüttenkäse darüber verteilen. Vom Karottenkraut einige Blätter abspülen und, ebenso wie die Nüsse, etwas hacken und über den Salat streuen.

Tipp:

Zum Salat passt ein frisches Vollkornbrot.

WINTER

Cremige Chicorée-Suppe

In dieser Suppe vereinen sich herber Chicorée und aromatischer Knollensellerie zu einer aromareichen Creme. Parmesan sorgt für zusätzliche Würze und macht das Würzen mit Salz fast überflüssig.

Zubereitungszeit: 40 Minuten.

Zutaten für 2 Portionen:
2 kleine Chicorée
½ Knollensellerie // 1 kleine Zwiebel
1 EL Butter
1 TL Zitronensaft
250 ml Gemüsebrühe
100 g Sahne
30 g Parmesan
1 TL Zucker
30 g Parmesan
Salz und frisch gemahlenen Pfeffer // etwas Feldsalat zur Garnierung

Zubereitung:

1. Den Chicorée waschen und halbieren. Den harten Strunk in der Mitte herausschneiden und den Chicorée in Streifen schneiden.
2. Den Knollensellerie und die Zwiebel schälen und in Würfel schneiden.
3. Die Butter in einem ausreichend großen Topf erwärmen und das Gemüse darin anbraten. Die Gemüsemischung dabei gelegentlich wenden.
4. Etwas Salz, Pfeffer, Zucker und Zitronensaft zum Gemüse geben.
5. Mit der Gemüsebrühe ablöschen und bei mittlerer Hitze für ca. 10 Minuten köcheln lassen.
6. Das Gemüse mit dem Pürierstab fein pürieren. Die Sahne angießen und noch einmal für wenige Minuten aufkochen lassen.
7. Den Parmesan reiben.Die Suppe in Schälchen füllen und mit dem geriebenem Parmesan bestreuen. Einige Feldsalatblättchen auf die Suppe legen.

Tipp:

Dazu passt frisches Brot. Ein kleiner Kleks Schmand auf der Suppe gibt zusätzliche Cremigkeit und ist sehr dekorativ.

Rotkohlcremesuppe

Diese Suppe zaubert ein intensives Violett auf den Teller und ist ein tolles Rezept für alle, die Rotkohl lieben, aber kurze Garzeiten bevorzugen.

Zubereitungszeit: 40 Minuten.

Zutaten für 2 Portionen:
400 g Rotkohl
1 kleiner Apfel
1 Kartoffel
1 rote Zwiebel
2 Knoblauchzehen
1 EL Pflanzenöl
1 Zitrone
50 ml Sahne
500 ml Gemüsebrühe // 2 EL Crème fraîche // 1 Handvoll Kräuter
Salz und frisch gemahlener Pfeffer

Zubereitung:

1. Zwiebel und Knoblauch kleinschneiden. Rotkohl in feine Streifen schneiden. Apfel in Spalten schneiden, die Kartoffel schälen und in kleine Stücke schneiden.
2. Zuerst die Zwiebel in Öl anschwitzen, dann den Rotkohl, die Kartoffeln,
3. Apfelspalten und den Knoblauch hinzufügen und für 3-4 Minuten mit andünsten und mit Gemüsebrühe auffüllen, bis der Rotkohl bedeckt ist. Die Suppe 15 Minuten köcheln lassen, Sahne zufügen, dann mit Muskat würzen und anschließend pürieren, dann mit Salz und Pfeffer und Zitronensaft abschmecken.

Die Suppe in Schälchen und mit einem Löffel Crème fraîche servieren

Tarte mit Chicorée

Chicorée schläft völlig zu Unrecht einen Dornröschenschlaf. Das knackige Gemüse eignet sich wie kaum ein anderes für die alltägliche Küche. Chicorée muss kaum geputzt werden und kann fast vollständig verarbeitet werden. Das Gemüse ist ein toller Partner für viele andere Aromen.

Zutaten für zwei 24 cm Springformen.

Zutaten für den Boden der Tarte:
280 g Mehl, Type 550 // 2 EL Maisgrieß // 1 Pck. Trockenhefe
250 g Sahnejoghurt, zimmerwarm // etwas Butter und Zucker für die Form
1 TL Salz und Pfeffer // zusätzlich Mehl zum Bearbeiten des Teigs

Der Teig muss vor dem Backen für eine Stunde ruhen und sollte zuerst zubereitet werden.

Zutaten für den Belag:
4 Chicorée, ca. 130 Gramm pro Stück
1 Schalotte // 1 EL Butter // 1 EL Zucker // 1 TL Fenchelsamen
Etwas Schale von einer Bio-Zitrone // Salz und Pfeffer

Zubereitung:

1. In einer Rührschüssel Mehl, Hefe, Grieß, Salz und Pfeffer vermischen. Den Joghurt hinzufügen und zu einem Teig verkneten. Den Teig aus der Schüssel nehmen und noch einmal mit den Händen kräftig durchkneten. Eine Kugel daraus formen und zugedeckt an einem warmen Ort gehen lassen. In der Zwischenzeit den Chicorée vorbereiten. Dazu die Köpfe halbieren und den kleinen Strunk entfernen.
2. Schalotte pellen und fein hacken. Butter und Zucker in einer beschichteten Pfanne schmelzen lassen. Den Chicorée mit der Schnittfläche nach unten in die Pfanne legen und kurz braten. Die Fenchelsamen und die Zitronenschale dazugeben und mit Salz und Pfeffer würzen.
3. Den Backofen auf 180 °C (Umluft) vorheizen.
4. Die Tarteform einfetten und den Chicorée hineinlegen.
5. Eine Arbeitsfläche mit Mehl bestäuben und den Teig noch einmal durchkneten. Teig auf die Größe der Backform ausrollen und mit einer Gabel Löcher in die Teigplatte stechen. Den Teig auf den Chicorée legen. Darauf achten, dass die Löcher an der Oberseite sind. Die Oberfläche mit Butter bestreichen und die Tarte für ca. 20 Minuten in mittlerer Höhe backen.
6. Zum Servieren wird die Tarte gestürzt, sodass der Chicorée an der Oberfläche ist.

Eintopf mit winterlichem Marktgemüse

Beim Bummel über den winterlichen Markt zeigt sich eine große Auswahl an Wurzelgemüsen. Jede ist etwas anders und man erkennt eine große Vielfalt an Formen und Farben. Dieser Eintopf vereint die unterschiedlichen Aromen, wärmt von innen und macht wunderbar satt.

Da es Gerichte gibt, die aufgewärmt noch besser schmecken, sind die Zutaten für 4 Portionen ausgelegt.

Zubereitungszeit: ca. 45 Minuten.

Zutaten für 4 Portionen:

500 g überwiegend festkochende Kartoffeln 150 g Karotten
175 g Pastinaken
250 g Rosenkohl
375 g Steckrübe
1-2 Stangen Lauch
1 l Gemüsebrühe
1 Zwiebel
1 Knoblauchzehe
1 Bd. glatte Petersilie Salz und Pfeffer

Die Gewichtsanteile der einzelnen Gemüsesorten können ganz nach Geschmack und Angebot variiert werden.

Zubereitung:

1. Das Gemüse putzen. Kartoffeln und alle Wurzelgemüsesorten schälen und in daumendicke Würfel schneiden. Den Lauch waschen und in Ringe schneiden.
2. Vom Rosenkohl die äußeren Blätter entfernen, den Strunk etwas abschneiden und die Köpfe halbieren.
3. Zwiebel und Knoblauch pellen und beides in kleine Würfel schneiden.
4. In einem großen Topf das Öl erhitzen und zuerst Zwiebel und Knoblauch etwas anschwitzen. Nach und nach die anderen Gemüsesorten dazugeben und etwas anbraten. Mit der Gemüsebrühe ablöschen und mit Salz und Pfeffer würzen. Den Gemüseeintopf bei mittlerer Hitze für 15- 20 Minuten köcheln lassen.
5. In der Zwischenzeit die Blätter der Petersilie hacken und vor dem Servieren über das Gemüse streuen.

Schwarzwurzeln auf Feldsalat

Schwarzwurzeln sind ein edles Wintergemüse. Die unscheinbaren Stangen werden auch als Spargel des Winters bezeichnet. Der Geschmack ist etwas milder als beim Spargel und leicht nussig und würzig. Optisch erinnern Schwarzwurzeln an Löwenzahn und tatsächlich verbindet beide ein enges Verwandtschaftsverhältnis.

Zubereitungszeit: ca. 30 Minuten.

Zutaten für 2 Portionen:

1 Möhre // ½ Bd. Schwarzwurzeln, geputzt // ca. 250 g 50 g Feldsalat
1 EL Essig-Essenz // 1 EL Mehl // 1/8 l Gemüsebrühe
1 EL weißer Balsamico-Essig // Salz und Pfeffer
etwas Zucker oder Honig für das Dressing // 1½-2 EL Öl
fein gehackte Petersilie nach Geschmack // eine Handvoll Walnüsse

Zubereitung:

1. Das Gemüse vorbereiten. Die Karotte schälen und in schräge Scheiben schneiden. Für die Schwarzwurzeln Handschuhe überziehen. Eine Schüssel mit Wasser füllen und die Wurzeln mit einer Gemüsebürste kräftig abbürsten.
2. Die Schwarzwurzel schälen und, genau wie die Karotte, in schräge Scheiben schneiden. Die Schwarzwurzeln bis zum Weiterverarbeiten in eine Schüssel mit Wasser, Essig-Essenz und Mehl legen.
3. Die Gemüsebrühe aufkochen und das Gemüse darin für ca. 3 Minuten garen. Wurzeln abgießen, dabei den Gemüsefond auffangen.
4. Für das Dressing den Balsamico-Essig und 2-3 EL des Gemüsefonds verrühren. Mit Salz und Pfeffer abschmecken und nach Geschmack süßen. Das Öl unterschlagen. Petersilie waschen und fein hacken. Möhren, Schwarzwurzeln, Petersilie und das Dressing sorgfältig vermengen.
5. Die Mischung für ca. 20 Minuten durchziehen lassen.
6. In der Zwischenzeit den Feldsalat gründlich waschen und trocknen. Große Blätter etwas kleiner zupfen und zusammen mit dem marinierten Gemüse anrichten.
7. Die Nüsse grob hacken und über den Salat geben.

Tipp:

Das marinierte Gemüse kann gut am nächsten Tag gegessen werden. Den Feldsalat und die Nüsse immer frisch dazugeben.

Pasta mit Rote Beete

Die purpurfarbenen Kugeln der Rote Beete sind über den ganzen Winter ein zuverlässiger Lieferant für viele gute Inhaltsstoffe. Der Geschmack ist süßlich, vielleicht etwas erdig. Beim Kauf sollten Sie die kleinen Kugeln bevorzugen, da große leicht holzig im Inneren sind. Zum Schälen des Rübengewächses am besten Handschuhe tragen.

Zubereitungszeit: ca. 30 Minuten.

Zutaten für 2 Portionen:

300 g Rote Beete, geputzt // 250 g kurze Nudeln nach Wahl
1 kleine Zwiebeln
2 Zehen Knoblauch
2 EL Olivenöl
Lorbeerblatt // einige Thymianblätter
Salz und Pfeffer // 4 EL Parmesan
2 TL Kapern // etwas Kapernsud
½ Bd. Petersilie // Chili nach Belieben

Zubereitung:

1. Die rote Beete schälen und fein raspeln. Haben die Knollen noch Blattgrün, dieses abschneiden und zur Seite stellen.
2. Die Zwiebel pellen und in feine Streifen schneiden. Haut von Knoblauch abziehen und die Zehen fein hacken.
3. In einem breiten Topf das Olivenöl erwärmen. Zwiebel und Knoblauch anschwitzen. Rote Beete, Lorbeerblatt, Thymian und eventuell Chili hinzufügen, das Gemüse kurz anschwitzen. Mit etwas Salz abschmecken. Die Hitze reduzieren und die Rote Beete für 20 Minuten schmoren lassen. Ab und zu umrühren.
4. In der Zwischenzeit das Wasser für die Pasta aufsetzen und die Nudeln nach Packungsanweisung garen. Die Nudeln geben Stärke an das Wasser ab, diese Stärke wird zur Bindung der Soße genutzt. Dafür kurz vor Ende der Garzeit ca. 200 ml des Nudelwassers abschöpfen, zur Gemüsesoße geben und diese kurz aufkochen. Die Blätter der Beete fein hacken und zur Soße geben. Die Nudeln abgießen und unter die Soße heben.
5. Zum Abschmecken etwas Kapernsud, Salz und Pfeffer in die Soße geben. Die Nudeln zusammen mit dem Parmesan servieren.

Rotkohlpizza

Diese Pizza ist etwas ganz Besonderes. In den Boden ist Rotkohl eingearbeitet und zusammen mit Rucola und Mozzarella ist diese Mahlzeit ein Augenschmaus. Das Rezept reicht für sechs Pizzen und diese können drei Personen sättigen. Wie die meisten Pizzen schmeckt auch diese Variante kalt noch sehr lecker und kann am nächsten Tag das Mittagessen im Büro ersetzen.

Zubereitungszeit: ca. 40 Minuten.

Zutaten für 6 kleine Pizzaböden:

1 kleiner Kopf Rotkohl oder 340 g fertig geputzt
150 g Kichererbsenmehl // 4 Eier in Größe M
½ EL Olivenöl // 1 EL gemischte Kräuter Salz und Pfeffer // Chili nach Belieben
1 Bogen Backpapier und zusätzlich etwas Öl zu einstreichen

Pizza-Belag:

400 g rote Zwiebeln // 400 g Mozzarella // 1 kleiner Bund Rucola // 2 EL Olivenöl
1 EL gemischte Kräuter // Salz

Zubereitung:

1. Backofen auf 220 °C vorheizen und ein Backblech mit Backpapier auslegen. Das Backpapier ganz leicht mit etwas Öl bepinseln.
2. Den Rotkohl vorbereiten. Die äußeren Blätter entfernen und den Kopf vierteln. Den Strunk herausschneiden. Den Rotkohl mit dem Raspel-Einsatz der Küchenmaschine in feine Streifen schneiden. Alternativ kann der Rotkohl per Hand geraspelt werden. Da rote Gemüsesorten färben, sind Einweghandschuhe empfehlenswert. Den Rotkohl in einer Schüssel mit Kichererbsenmehl, Eiern, Kräutern, Salz, Pfeffer und eventuell Chili vermengen.
3. Die Rotkohlmasse in 6 Portionen aufteilen und auf das Backpapier geben. Den Teig dünn ausstreichen. Pizzaböden für ca. 15 Minuten backen und in der Zwischenzeit den Belag vorbereiten.
4. Die Zwiebeln putzen und in dünne Scheiben schneiden. Anschließend in eine Schüssel geben und mit dem Olivenöl vermischen. Etwas Salz dazugeben und vermengen. Bis zur Verwendung durchziehen lassen.
5. Mozzarella abtropfen lassen und in gleichmäßige Scheiben schneiden oder in Stücke zupfen.

7. Die Rotkohlböden kurz aus dem Ofen nehmen und die Ränder mit etwas Olivenöl bestreichen. Das Öl macht die Ränder besonders knusprig. Mozzarella gleichmäßig auf alle Böden aufteilen, etwas salzen, mit Kräutern bestreuen und für weitere 5 Minuten backen.
8. Die Pizzen erneut aus dem Ofen nehmen und die Zwiebelscheiben darauf verteilen. Das Blech ein letztes Mal für 5 Minuten in den Ofen schieben.
9. Rucola waschen, putzen und trocknen. Die fertigen Pizzen aus dem Ofen nehmen und mit dem frischen Rucola belegen und servieren.

Petersilien-Pfannkuchen mit Pastinaken

Herzhafte Pfannkuchen sind eine sättigende Mahlzeit. Die Petersilie ist in diesem Rezept ein wertvoller Lieferant von Vitaminen. Petersilie liefert das im Winter so wichtige Vitamin C und gibt der Immunabwehr den nötigen Schub. Die Süße der Pastinake harmoniert wunderbar mit den Teigtalern.

Zubereitungszeit: ca. 30 Minuten.

Zutaten für 10-12 Pfannkuchen, ausreichend für 2 Portionen:

Für die Pfannkuchen:
30 g glatte Petersilie, einige extra Blättchen für die Garnierung // 80 g Buchweizenmehl
130 g Milch, normaler Fettgehalt // 1 Ei in Größe M // ½ TL Backpulver
1-2 EL Sonnenblumenöl // etwas Salz

Für die Pastinaken-Creme:
500-600 g Pastinakenwurzel (für 500 g geputztes Gemüse)
80 g Sahne // etwas Salz

Zubereitung:

1. Die Pastinakenwurzel schälen und in gleichmäßige Stücke schneiden.
2. In einem Topf 150 ml Wasser erwärmen und die Pastinaken darin mit etwas Salz kochen. Nach 15 Minuten die Pastinaken abgießen und mit der Sahne cremig mixen.
3. In der Zwischenzeit die Blätter der Petersilie zusammen mit der Milch in einem Mixer für 30 Sekunden mixen. Backpulver und Buchweizenmehl vermischen und zur Petersilienmilch geben. Ei und Salz in den Mixer geben und zu einem klümpchenfreien Teig mixen.
4. Eine große Pfanne erhitzen und das Öl hineingeben. Aus dem Teig 10-12 Pfannkuchen backen.
5. Die fertigen Pfannkuchen mit der Pastinaken-Creme auf einem Teller anrichten und servieren.

Spaghetti mit Grünkohl und gerösteten Mandeln

Grünkohl ist ein typisches Wintergemüse. Der erste Frost macht ihn lieblich und wohlschmeckend. Es gibt wohl kaum ein anderes Gemüse, das einen so starken Wandel in der Wertstellung vollzogen hat wie die Dithmarscher Palme. Schnell zubereitet und leicht bekömmlich wird Grünkohl mit Pasta.

Zubereitungszeit: ca. 15 Minuten.

Zutaten für 2 Portionen:

180 g Spaghetti, gern eine Vollkornvariante // 120 g Grünkohlblätter
6-8 Knoblauchzehen
40 g gehobelte Mandelblättchen // 4 EL Olivenöl
Parmesan nach Geschmack // Salz und Pfeffer

Zubereitung:

1. Den Knoblauch pellen und fein hacken.
2. Eine große beschichtete Pfanne erhitzen und die Mandeln zusammen mit dem Knoblauch ohne Fettzugabe anrösten. Olivenöl und etwas Salz in die Pfanne geben und mit den würzigen Mandeln für ca. 5 Minuten garen lassen.
3. Gesalzenes Nudelwasser in einem großen Topf aufsetzen und zum Kochen bringen. Die Nudeln ins Wasser geben und nach Packungsanweisung kochen. Kurz vor Ende der Garzeit den geputzten Grünkohl zur Pasta geben und für ca. 2 Minuten mitkochen.
4. Nudeln und Grünkohl abgießen und in die Pfanne zu den Mandeln geben. Alles kurz vermischen und auf Tellern verteilen. Nach Geschmack mit ein wenig frisch gehobeltem Parmesan bestreuen und mit etwas Pfeffer würzen.
5. Eine Zubereitungsalternative ist die Herstellung eines Pestos. Dazu Grünkohl, Knoblauch, Öl, Salz, Pfeffer, Parmesan und die ungerösteten Mandeln in einen Mixer geben oder mit dem Pürierstab zu einer Paste verarbeiten. Eventuell etwas mehr Öl dazugeben. Das Grünkohl-Pesto passt zu Pasta ebenso gut wie zu einem frischen Brot.

Risotto mit Steckrüben

Steckrüben werden oft für schwere Suppen und Eintöpfe verwendet. Hier gehen die gelben Knollen eine elegante Verbindung mit Rundkornreis und Parmesan ein. Die Zubereitung benötigt etwas Geduld, die mit einem durchwärmenden Reisgericht belohnt wird.

Zubereitungszeit: ca. 50-60 Minuten-

Zutaten für 2 Portionen:

150 g Risotto-Reis, auf Wunsch eine Vollkornvariante wählen
250 g Steckrüben
40 g Parmesan
1 kleine Zwiebel
1 Knoblauchzehe
10 g Butter
1 EL Olivenöl
ca. ½ l selbstgekochte Gemüsebrühe
Salz und frisch gemahlener Pfeffer // etwas Chili nach Belieben

Zubereitung:

1. Den Reis über Nacht in Wasser einweichen und vor der Zubereitung abgießen.
2. Steckrübe schälen und in Würfel schneiden. Die Zwiebel und den Knoblauch pellen und beides fein hacken.
3. Öl in einem Topf erhitzen und Steckrübe, Knoblauch und Zwiebel anschwitzen. Den Reis zugeben und nach kurzem Anschwitzen die Brühe zugeben, bis alles bedeckt ist. Zum Würzen Salz, Pfeffer und nach Belieben etwas Chili dazugeben.
4. Den Reis unter leisem Köcheln garen, dabei regelmäßig umrühren und Brühe angießen, sobald der Reis die Flüssigkeit aufgenommen hat. Den Parmesan reiben.
5. Hat der Reis die gewünschte Konsistenz, die Butter unterziehen und die Hälfte des Parmesans zufügen. Den restlichen Käse vor dem Servieren darüber streuen.

Rosenkohl mit Gnocchi

In der klassischen Küche gehören Rosenkohl und Klöße zu einem saftigen Sonntagsbraten dazu. Den Sprung in den Alltag und in eine gesundheitsbewusste Ernährung haben das Gemüse und die Kartoffelklößchen geschafft. Das Gericht ist schnell gekocht und schmeckt mit selbstgemachten Gnocchi noch mal so gut. Die Gnocchi können auf Vorrat vorbereitet werden und sind dann tiefgekühlt schnell zur Hand.

Zubereitungszeit: ca. 45 Minuten.

Zutaten für 2 Portionen:

200 g Rosenkohl
500 g Gnocchi, entweder selbst gemacht oder frische Ware aus der Kühltheke
1 Knoblauchzehe
2 EL Olivenöl
2 Zweige Rosmarin
2 EL Parmesan
Salz und Pfeffer
Saft von ½ Zitrone

Zubereitung:

1. Den Rosenkohl vorbereiten. Dazu ein Stückchen des Strunks abschneiden und die äußeren lockeren Blätter entfernen. Die kleinen Köpfe sollten jetzt eine schöne hellgrüne Farbe haben und die Oberfläche einen leichten Glanz. Die Röschen vierteln.
2. Einen großen Topf mit Wasser füllen. Das Wasser zum Kochen bringen und leicht salzen.
3. In der Zwischenzeit die Rosmarinnadeln vom Zweig abstreifen und die Nadeln grob hacken. Den Knoblauch abziehen und fein hacken.
4. Den Rosenkohl in das kochende Wasser geben und für 6-8 Minuten garen. Der Rosenkohl sollte noch bissfest sein. Während der Kochzeit das Olivenöl in einer großen Pfanne erwärmen und den Rosmarin zusammen mit dem Knoblauch anschwitzen.
5. Den Rosenkohl mit einer Schaumkelle aus dem Wasser nehmen und in die Pfanne geben. Das Kochwasser weiter auf dem Herd stehen lassen, es wird noch zum Kochen der Gnocchi verwendet. Den Rosenkohl mit Salz, Pfeffer und etwas Zitronensaft würzen.
6. Die Gnocchi im Rosenkohlwasser garen. Steigen die Klößchen an die Oberfläche, sind die Gnocchi gar und können zum Rosenkohl gegeben werden. Alles gut durchschwenken und mit Parmesan bestreut servieren.

Grundrezept für die Gnocchi:

Ein Problem, das häufig bei selbstgemachten Gnocchi auftritt, ist ein weicher Teig. Die kleinen Kartoffelklößchen zerfallen beim Garen. Dieses Rezept basiert auf Kartoffeln, die langsam im Ofen gegart werden und eine eher trockene Konsistenz haben. Der Zeitaufwand ist relativ hoch, der Geschmack belohnt die Mühe.

Zubereitungszeit: 40 Minuten zuzüglich 70 Minuten Garzeit.

Zutaten für 4 Portionen:
800 g Kartoffeln, überwiegend festkochend
70 g Hartweizengrieß
25 g Mehl
25 g Speisestärke
30 g Butter
2 Eigelb
1 Zitrone, Bio-Qualität
Etwas frisch geriebene Muskatnuss // Salz
Zusätzlich etwas Grieß für die Arbeitsfläche

Zubereitung:

1. Den Backofen auf 160 °C vorheizen. Ein Backblech mit Backpapier auslegen und die gewaschenen Kartoffeln darauf verteilen. Die Kartoffeln für 70 Minuten in den Ofen schieben und bei Umluft garen.
2. Die Kartoffeln im lauwarmen Zustand pellen und mit einer Kartoffelpresse zu einer feinen Masse verarbeiten. Dazu die Masse zweimal durch die Kartoffelpresse drücken.
3. Die Zitrone abspülen und die Schale mit einer feinen Reibe abreiben.
4. Die Butter zerlassen. Für den Teig Kartoffeln, Butter, Eigelbe, Mehl, Hartweizengrieß, Speisestärke, etwas Salz, Zitronenschale und Muskatnuss in eine Schüssel geben und mit den Händen zügig zu einem glatten Teig verkneten.
5. Eine Arbeitsfläche dünn mit Grieß bestreuen. Den Teig in vier gleiche Portionen teilen. Jede Portion mit flachen Händen zu einer Rolle formen. Die Rollen sollten gleichmäßig und frei von Rissen sein. Zu einer Länge von ca. 30 cm ausrollen.
6. Jede Rolle in Stückchen von ca. 2 cm zerteilen und mit einer Gabel das typische Muster hineindrücken.
7. Die Gnocchi sofort zubereiten oder einfrieren. Dazu die Klößchen auf einem Tablett einzeln frosten und später in einen passenden Behälter umfüllen.

Brennende Liebe mit Steckrüben und Möhren

Zugegeben, dieses Gericht ist eine Abwandlung eines dänischen Gerichts. Die Brennende Liebe ist ein Kartoffelpüree, das landestypisch mit Speck serviert wird. Es gehört zu den besonderen Kindheitserinnerungen vieler Dänen. Unsere Liebe wird mit viel Gemüse zu einem leckeren Hauptgericht, das alles vereint, was der winterliche Markt bereithält.

Zubereitungszeit: ca. 45 Minuten.

Zutaten für 2-3 Portionen:

Für das Püree:
1 kleine Steckrübe (ca. 250-300 g) // 150 g Karotten // 1 Schalotte
35 g Butter // Salz und frisch gemahlener Pfeffer nach Geschmack
Für etwas Schärfe kann dem Püree eine kleine rote Chilischote zugefügt werden.

Für die Gemüsepfanne:
1 Stange Lauch // 150 g Schwarzwurzel // 100 g Grünkohl
1-2 EL Olivenöl // 3 Knoblauchzehen
eine kleine Handvoll Walnusskerne etwas glatte Petersilie

Zubereitung:

1. Das Gemüse für das Püree putzen. Die Steckrübe großzügig schälen und in Würfel schneiden. Die Möhren putzen und ebenfalls kleinschneiden. Wird mit Chili gekocht, die Schote entkernen und klein hacken. Schalotte pellen und in feine Würfel schneiden.
2. Die Hälfte der Butter in einem Topf auslassen und alle Zutaten für das Püree darin andünsten.
3. Das Gemüse mit 200 ml Wasser angießen und für ca. 10 Minuten garen. Das Kochwasser nicht abgießen. In der Zwischenzeit das Gemüse für die Beilage putzen. Den Lauch gründlich waschen und den weißen und zart grünen Anteil in Ringe schneiden. Die Schwarzwurzeln schälen und in ca. 2 cm lange Stücke schneiden. Vom Grünkohl die harten Stängel entfernen, die Blätter gründlich waschen und grob hacken.
4. Die Walnusskerne in einer beschichteten Pfanne ohne Öl rösten. Die Nüsse werden leicht braun und erhalten ein tolles Aroma.
5. Das Olivenöl zusammen mit dem Knoblauch in die Pfanne zu den Nüssen geben und kurz anbraten. Das Gemüse dazugeben und mit Salz und Pfeffer würzen. Die Gemüsepfanne für ca. 10 Minuten braten und dabei regelmäßig durchschwenken.

6. Die glatte Petersilie hacken und kurz vor Ende der Garzeit unter das Gemüse heben.
7. Das Püree fertigstellen. Hierfür das Steckrüben-Möhren-Gemüse mit einem Schneebesen grob zerdrücken und die restliche Butter unterheben. Mit Salz und Pfeffer würzen. Das Püree darf gern noch Stückchen haben. Ist es zu trocken, zusätzliche Butter oder ein klein wenig Wasser zugeben.
8. Das Püree auf Teller geben und die Gemüsepfanne darüber verteilen.

Gratinierter Ziegenkäse im Salatbett

Ziegenkäse harmoniert ebenso wie Feldsalat mit süßen und herzhaften Begleitern. Im Winter gehört warmer Käse zu den Genüssen, die zu kalten Tagen dazugehören.

Zubereitungszeit 30 Minuten.

Zutaten für 2 Portionen

150 g Feldsalat
1 Knolle Rote Beete
1-2 EL grob gehackte Walnüsse
1 Schalotte
1 TL Senf
2 EL Weißweinessig
2 EL Pflanzenöl
Salz und frisch gemahlener Pfeffer
2-3 EL Honig
2 Ziegenfrischkäsetaler à ca. 40 g

Zubereitung:

1. Die Rote Beete in etwas Salzwasser für ca. 15 Minuten kochen. Etwas abkühlen lassen, schälen und in dünne Scheiben hobeln. Unbedingt an Küchenhandschuhe denken.
2. Den Feldsalat waschen und trocknen, eventuell etwas auseinanderzupfen.
3. Die Schalotte pellen und in kleine Würfel schneiden.
4. Aus Essig, Öl, Senf eine Vinaigrette aufschlagen. Die Schalottenwürfel unterrühren und mit Salz und Pfeffer abschmecken. Für etwa Süße 1 EL des Honigs unterrühren.
5. Den Backofengrill vorheizen und ein Backblech mit Papier auslegen.
6. Den Käse auf das das Blech setzen und für ungefähr 4 Minuten unter dem heißen Grill gratinieren.
7. In der Zwischenzeit den Feldsalat auf zwei Tellern anrichten und mit der Roten Beete belegen. Das Dressing darüber verteilen und die Walnüsse über den Salat geben.
8. Den gratinierten Käse auf das Salatbett setzen und den restlichen Honig darüber laufen lassen.

Tipp:

Dazu passt knuspriges Baguette.

Wintergemüse aus der Pfanne

In dieser Pfanne vereinen sich winterliche Gemüsesorten. Das Aroma wird durch das Anbraten besonders intensiv und etwas Butter trägt es auf den Teller.

Zubereitungszeit: 25 Minuten.

Zutaten für zwei Portionen:
2 Knollen Rote Beete // 8 Karotten
1 kleine Sellerieknolle
1/2 Bund Petersilie
1-2 EL Butter
1-2 EL Pflanzenöl
1-2 TL Zucker oder Honig

Zubereitung:

1. Rote Beete und Sellerie schälen. Die Karotten mit einer Gemüsebürste säubern. Die Gemüsesorten in Stifte und Spalten schneiden.
2. Öl in einer schweren Pfanne erhitzen und alle Gemüsesorten scharf anbraten.
3. Das Gemüse soll schöne Röstaromen bilden und noch etwas Biss behalten. Zucker oder Honig über das Gemüse geben und etwas Butter dazu. Mit Pfeffer und Petersilie würzen und servieren.
4. Dazu passt ein knuspriges Brot.

Tipp:

Wenn sich im Laufe der Woche Gemüsereste angesammelt haben, können diese in die Zubereitung der Gemüsepfanne miteinbezogen werden.

Champignon-Frittata

Dieses leichte Omelett wird im Backofen gegart und bekommt eine feine Würze durch geriebenen Parmesan.

Zubereitungszeit: 30 Minuten.

Zutaten für 2 Portionen:
300 g Champignons // 6 Eier in Größe M
1 Zwiebel
1 Knoblauchzehe
2 EL Pflanzenöl
2-3 EL frisch geriebener Parmesan
Salz und frisch gemahlener Pfeffer
½ Bund Petersilie

Zubereitung:

1. Backofen auf 170 °C bei Umluft vorheizen.
2. Champignons abbürsten und halbieren oder vierteln. Zwiebel und Knoblauch fein würfeln. Das Öl in einer ofenfesten Pfanne erhitzen und die Zwiebel- und Knoblauchwürfel anbraten. Pilze dazugeben und unterrühren, dann schmoren. Mit Salz und Pfeffer abschmecken.
3. Eier verquirlen und mit Salz, Pfeffer und Muskat würzen. Die Petersilie hacken und untermischen. Die Eiermischung über die Pilze geben und für 12 Minuten backen. Nach der halben Zeit den Parmesan über die Frittata streuen und fertig backen.
4. Das gebackene Omelett in zwei Portionen aufteilen und warm genießen.

Wirsingpfanne mit Walnüssen

Der krause Kohlkopf hat feste Blätter und ein sehr intensives Kohlaroma und ist die Basis für diese herzhafte Gemüsepfanne.

Zubereitungszeit: 45 Minuten.

Zutaten für 2 Portionen:
500 g Wirsing
1 Zwiebel
1 EL Butter
Salz und frisch gemahlener Pfeffer
50 ml Gemüsebrühe
25 g Walnusskerne

Zubereitung:

1. Die äußeren Blätter des Wirsings entfernen, dann längs vierteln, den Strunk keilförmig ausschneiden und quer in feine Streifen schneiden. Zwiebel schälen, längs halbieren und in dünne Spalten schneiden.
2. Butter in einer Pfanne erhitzen und die Zwiebel darin goldbraun braten. Wirsing dazugeben, kurz andünsten. Gemüsebrühe angießen und zugedeckt 15-20 Minuten dünsten.
3. Walnüsse grob hacken und in einer heißen Pfanne ohne Fett bei mittlerer Hitze 3 Minuten anrösten. Wirsing mit Salz und Pfeffer abschmecken, die Walnusskerne zugeben und servieren.

Tipp:

Dazu passt frisches Brot oder etwas Reis.

Bagels mit Rote Beete und Käse

Bagels erfreuen sich großer Beliebtheit. Hier vereinen sich Rote Beete mit würzigem Ziegenkäse.

Zubereitungszeit: 15 Minuten.

Zutaten für 2 Portionen:
2 Bagels
4 Scheiben Ziegenfrischkäse
1 große Rote Beete
1 TL Pflanzenöl
Salz und frisch gemahlener Pfeffer
½ Bund Rucola

Zubereitung:

1. Den Backofen auf 180 °C Umluft vorheizen.
2. Die Bagels aufschneiden. Auf jeweils eine Hälfte der Bagels 2 Scheiben Ziegenfrischkäse streichen.
3. Die Rote Beete in 6 Scheiben schneiden und je 3 Scheiben auf die Bagels mit Ziegenkäse legen, mit etwas Öl bestreichen und mit Salz und Pfeffer würzen.
4. Die Bagels ca. 5 Minuten kross backen.
5. Den Rucola putzen und nach dem Backen auf die Bagels legen.

Pasta mit Fenchel

Fenchel ist ein vielseitiges Gemüse. Hier kommt er als wärmendes Gericht mit einer leichten Zitronennote auf den Teller.

Zubereitungszeit: 30 Minuten.

Zutaten für 2 Portionen:
1 Fenchelknolle
2 Zehen Knoblauch
2 EL Pflanzenöl
1 TL Salz
1/2 Zitrone in Bio-Qualität // 3 Zweige Thymian
200 g Pasta nach Wahl

Zubereitung:

1. Backofen auf 180 °C Umluft vorheizen.
2. Fenchel in dünne Spalten schneiden. Fenchelgrün abschneiden, grob hacken und für die Garnierung zur Seite legen. Zitrone in Scheiben schneiden, Knoblauch fein hacken.
3. Fenchel, Knoblauch, Zitronenscheiben, Olivenöl, Salz und gezupften Thymian in
4. eine Auflaufform geben, gut mischen und 20 Minuten im vorgeheizten Backofen rösten.
5. Pasta nach Packungsanweisung zubereiten. Anschließend Wasser abgießen und die Pasta sofort mit dem Ofengemüse vermengen.
6. Mit Fenchelgrün bestreuen und heiß servieren.

Carpaccio aus Steckrüben und Topinambur

Hauchdünnes Wurzelgemüse vereint sich mit knackigen Haselnüssen und zaubert Eleganz in ein Rohkostgericht.

Zubereitungszeit: 20 Minuten.

Zutaten für 2 Portionen:
2 Topinamburknollen // 1/2 Steckrübe
2-3 EL Zitronensaft
1-2 EL Pflanzenöl
1-2 EL flüssiger Honig
1 TL Senf
Salz und frisch gemahlener Pfeffer
100 g Haselnüsse
2-3 EL fein gehackte Petersilie

Zubereitung:

1. Topinamburknollen und Steckrübe schälen und mit dem Gemüsehobel daraus hauchdünne Scheiben schneiden.
2. Aus Öl, Honig, Senf und Zitronensaft eine Vinaigrette herstellen und diese mit Salz und Pfeffer würzen.
3. Die Gemüsescheiben auf flache Teller legen und mit dem Dressing würzen.
4. Die Haselnüsse grob zerhacken und zusammen mit der Petersilie auf dem Gemüse-Carpaccio verteilen.

Tipp:

Dazu passt ein knuspriges Baguette.

Feldsalat mit Steckrüben

Die unscheinbare Steckrübe wird hier roh und mit einer fein abgerundeten Marinade zum frischen Begleiter des Feldsalats.

Zubereitungszeit: 20 Minuten zuzüglich einer Wartezeit von 60 Minuten.

Zutaten für 2 Portionen:

150 g Feldsalat
200 g Steckrübe
1 Zitrone in Bio-Qualität // 1 großer Apfel
50 g Walnüsse
50 ml Pflanzenöl
50 ml heller Balsamico-Essig
75 ml flüssiger Honig
Salz und frisch gemahlener Pfeffer

Zubereitung:

1. Steckrübe in ganz feine Streifen schneiden.
2. Schale der Zitrone abreiben und auspressen. Den Abrieb, Zitronensaft, Honig, Essig, Öl, Salz und Pfeffer zu den Steckrüben geben. Alles kräftig durchkneten und mindestens 1 Stunde durchziehen lassen.
3. Walnüsse in einer Pfanne ohne Fettzugabe anrösten.
4. Den Apfel in Spalten schneiden.
5. Feldsalat gründlich abspülen und abtropfen lassen.
6. Alle Zutaten in einer großen Schüssel miteinander vermengen und eventuell noch einmal etwas nachwürzen.

Tipp:

Mit Knoblauchbaguette genießen.

SMOOTHIES

Herbstzauber

Smoothies sind der Oberbegriff für Mixgetränke aus Obst und Gemüse. Das Besondere an diesen Getränken ist die Verwendung des ganzen Gemüses. Im Glas sind die vollen

Inhaltsstoffe der Zutaten. Ein Smoothie ist ein Kraftpaket an Vitaminen, Mineralstoffen, Ballaststoffen und sekundären Pflanzenstoffen. Doch es gibt kein Paradies ohne Schlange. In einem Glas Smoothies stecken auch viele Kalorien. Besonders in Smoothies mit viel Frucht befindet sich ein hoher Anteil Fruchtzucker. Ein Smoothie ist daher eine gesunde Zwischenmahlzeit und kein Durstlöscher.

Hier kommen Wirsing, Äpfel und Birnen zusammen. Besonders die Birne gibt eine feine Süße und Cremigkeit in das Gemüse-Frucht-Getränk. Ein besonderer Tipp für diesen grünen Smoothie ist, das übliche Mineralwasser durch kalten grünen Tee zu ersetzen und mit Schwung in den Tag zu starten.

Zutaten für 2 Gläser:
2 große Wirsingblätter
2 Äpfel
2 Birnen, sehr reif
1 Zitrone in Bio-Qualität
Kalter grüner Tee zum Auffüllen oder Mineralwasser

Zubereitung:

1. Die Wirsingblätter abwaschen und grob zerpflückt in den Mixer geben.
2. Die Stiele der Äpfel und der Birnen entfernen und das Obst grob zerkleinert in den Mixer geben. Die Kerngehäuse können auch püriert werden.
3. Saft der Zitrone auspressen und in den Mixer geben.
4. Mit Tee oder Wasser auffüllen und fein pürieren.

Rote-Beete-Smoothie

Rote Beete ist ein wahres Kraftpaket. Die violette Knolle liefert eine Vielzahl an Vitaminen und gehört zu den wenigen Lebensmitteln, die ein ganz natürlicher Eisenlieferant sind. Auf dem Markt gibt es Beete-Kugeln in einer großen farblichen Auswahl. Greifen Sie hier zu und bringen Abwechslung ins Glas

Zutaten für 2 Portionen:

2 Äpfel
2 Knollen rote Beete
Saft von einer halben Zitrone in Bio-Qualität
Einweghandschuhe

Zubereitung:

1. Die Äpfel grob zerkleinern und vollständig, jedoch ohne Stiel, in einen Mixer geben.
2. Eine halbe Zitrone auspressen und zu dem Äpfeln geben.
3. Die Blätter der Rote Beete abschneiden, etwas waschen und zusammen mit der geschälten und zerkleinerten Beete in den Mixer geben.
4. Mit Mineralwasser auffüllen und fein pürieren.
5. Falls Sie den Smoothie lieber mit gekochter Beete zubereiten, kochen Sie die Kugel mit der Schale für ein paar Tage auf Vorrat. Im Kühlschrank können die Kugel für einige Tage aufbewahrt werden.

Karotten-Apfel-Smoothie

Karotten und Äpfel bringen eine natürliche Süße in diesen Smoothie. Karotten und Äpfel geben schon am Morgen Schwung für den Tag. Ein Tropfen Öl erleichtert dem Körper die Aufnahme des Vitamins A, dass besonders reichlich in den orangen Wurzeln steckt.

Zutaten für 2 Portionen:
5-6 Karotten je nach Größe
2 mittelgroße Äpfel
einige Tropfen Öl
Wasser zum Auffüllen

Zubereitung:

1. Die Karotten waschen, abbürsten und in grobe Stücke schneiden. Das Karottenkraut abspülen und mit in den Mixer geben.
2. Von den Äpfeln den Stiel abziehen und die Äpfel grob zerteilen und vollständig in den Mixer geben.
3. Einige Tropfen Öl dazugeben und mit Wasser auffüllen.
4. Alles zu einer gleichmäßigen Flüssigkeit mixen.

Tipp:

An heißen Sommertagen kann ein Teil des Wassers durch Eiswürfel ersetzt werden.

Winter-Smoothie

Die Basis dieses Smoothies ist herzhafter Grünkohl. Der Kohl ist roh gut verträglich und wird durch den Zusatz von Äpfeln etwas abgemildert. Alternativ kann für diesen Smoothie auch Feldsalat püriert werden.

Zutaten für zwei Gläser:
3-4 Äpfel
250 g Grünkohl oder Feldsalat
100 ml Wasser

Zubereitung:

1. Das Gemüse sorgfältig waschen und den Grünkohl von den harten Stielen zupfen.
2. Von den Äpfeln den Stiel abzupfen. Dies ist tatsächlich das einzige vom Apfel, das nicht mitgegessen werden kann. Die Äpfel grob zerkleinern und mit Kerngehäuse in den Mixer geben.
3. Mit Mineralwasser auffüllen.
4. Die Zutaten zu einem feinen Getränk mixen und auf zwei Gläser portionieren.

Kefir mit Gurke

Kefir ist ein fermentiertes Milchprodukt, das voller Mineralstoffe steckt. Wie jedes Milchprodukt liefert es dem Körper Probiotika, die sich positiv auf die Darmflora auswirken. Kefir wird, ähnlich wie Joghurt, besser vom Körper aufgenommen und ist auch für Personen mit Laktoseintoleranz verträglich.

Zutaten für zwei Portionen:

200 g Salatgurke
½ Beet Kresse
250 ml gut gekühlter Kefir
Wenig Salz, etwas Pfeffer
Nach Geschmack frisch geriebenen Meerrettich zufügen

Zubereitung:

1. Die Gurke waschen und mit Schale grob würfeln. Hat die Gurke viele Kerne, diese vorher entfernen.
2. Alle Zutaten in den Mixer geben und pürieren, bis keine Stückchen mehr im Smoothie sind.
3. In Gläser gießen und kalt trinken.

DESSERTS

Karotten-Quark-Creme

Karotten haben eine ganz eigene Süße. Für das leichte Dessert eignen sich die ersten Karotten, die im Frühjahr auf den Markt kommen, besonders gut. Eischnee und Quark machen das Dessert zu einer leichten Mousse, die auch als kleine Zwischenmahlzeit gut geeignet ist. Einige zerbröselte Kekse geben der Creme Crunch.

Zubereitungszeit: ca. 30 Minuten.

Zutaten für 6 ofenfeste Dessertförmchen:

220 g Karotten
100 ml Milch mit normalem Fettgehalt // 125 g Speisequark, Halbfettstufe
1 Ei in Größe M // 25 g Zucker
1-2 Prisen Zimt
1 Prise Salz
etwas neutrales Öl zum Auspinseln der Gläser
einige Kekse oder Amarettini, die zerbröselt über das Dessert gestreut werden.

Zubereitung:

1. Die Karotten von der Schale befreien. Bei ganz jungen Karotten ist Schrubben mit einer Gemüsebürste völlig ausreichend. Dickere Schalen mit einem Sparschäler entfernen.
2. Die Karotten in Würfel schneiden, in der Milch weichkochen und pürieren.
3. Zucker und Quark mit etwas Zimt verrühren und unter die Karottenmasse ziehen.
4. Das Ei trennen und das Eiweiß mit einer Prise Salz zu einem steifen Schnee schlagen. Den Eischnee unter die Karotten heben.
5. Den Backofen auf 175 °C (Umluft) stellen.
6. Die Dessertförmchen mit etwas Öl einpinseln und die Masse gleichmäßig auf die Förmchen verteilen. Das Karottendessert in den Ofen schieben und für 10 Minuten backen.
7. Das Dessert mit Keksbröseln bestreuen und servieren.

Feine Grütze aus Rote Beete

Rote Grütze ist ein beliebtes Dessert. Aus fast jeder Frucht kann eine leckere Grütze zubereitet werden. In diesem Rezept wird die Frucht durch Rote Beete ersetzt. Beim Verarbeiten der roten Knollen sind Handschuhe ein Muss. Gebunden wird mit Sago. Die Perlen sind ein Grund dafür, dass das Dessert auch als süßer Rote-Beete-Kaviar bezeichnet wird.

Zubereitungszeit: ca. 50 Minuten.

Zutaten für 2 Portionen:
100 g Rote Beete, frisch und geschält
160 ml Wasser
1 Zitrone in Bio-Qualität
20 g Zucker
20 g Perl-Sago, z.B. aus Tapiokastärke

Zubereitung:

1. Die geschälte Rote Beete fein reiben. Die Zitrone halbieren und die Schale einer Hälfte abreiben und den Saft auspressen.
2. Wasser, Rote Beete und Zitronenschale zum Kochen bringen und 15 Minuten köcheln lassen.
3. Die weichgekochte Beete passieren. Dazu das Gemüse durch ein Haarsieb streichen oder durch eine „Flotte Lotte“ geben.
4. Die Masse mit Zucker abschmecken und wieder in den Topf geben. Sago einrühren und bei geringer Hitze für 25 Minuten quellen lassen. Saft der halben Zitrone dazugeben und eventuell etwas nachsüßen.
5. Die Grütze portionieren und bis zum Servieren kaltstellen.
6. Zur Grütze passt ganz klassisch eine Vanillesoße oder Joghurt.

Kürbisschnecken mit schokoladiger Füllung

Kürbiskuchen ist nicht nur zu Halloween eine beliebte Süßspeise. Die Kombination aus saftigem Hefeteig mit Kürbis und dunkler Schokolade ist überraschend harmonisch und ein süßer Abschluss nach dem Essen. Die weichen Schnecken erinnern an Buchteln. Der Hefeteig erfordert etwas Planung, ist aber viel unkomplizierter als sein Ruf.

Zubereitungszeit: 120-130 Minuten einschließlich Back- und Wartezeit.

Zutaten für eine Form mit einer Größe von 20 x 30 cm Größe:

Teigzutaten:
1 kleiner Hokkaido-Kürbis // 115 g Butter // 50 g Zucker
120 ml Milch, normaler Fettgehalt // 1 Ei in Größe M
1 Päckchen Trockenhefe // 440 g Mehl
etwas Butter für die Form // 1 Prise Salz

Schokoladenfüllung:
100 g gute Zartbitterschokolade // 2 EL Butter

Glasur:
4 EL Puderzucker
2 EL Milch, normaler Fettgehalt // 1 EL Schmand
zusätzlich einen Bogen Backpapier

Zubereitung:

1. Zuerst den Kürbis vorbereiten. Den Hokkaido waschen, halbieren, entkernen und in Spalten schneiden. Backofen auf 200 °C (Ober-/Unterhitze) vorheizen. Backpapier auf ein Backblech legen und die Kürbisspalten darauf verteilen. Den Kürbis für 45-60 Minuten auf mittlerer Schiene backen, bis das Fruchtfleisch schön weich ist. Mit einem Löffel das Kürbisfleisch aus der Schale kratzen und fein pürieren. Für den Schneckenteig werden ca. 180 g benötigt. Für den Hefeteig Butter und Milch in einen Topf geben und erwärmen, bis die Butter geschmolzen ist. Die Milch sollte nicht stärker als handwarm erhitzt werden. Die Trockenhefe in die Milch rühren und den Zucker hinzufügen. Die Mischung etwas stehen lassen, bis die Hefe anfängt leicht zu schäumen.
2. In einer Rührschüssel Mehl, Kürbispüree, Ei, Salz und Hefemilch verkneten. Der Teig bekommt eine glatte Konsistenz und sollte nicht kleben. Ist der Teig zu weich, noch etwas Mehl dazugeben. Den Teig nach dem Verkneten noch einmal per Hand auf einer bemehlten Arbeitsfläche durchkneten.

3. Den Teig zu einer Kugel formen und in einer zugedeckten Schüssel für eine Stunde an einem warmen Ort gehen lassen.
4. Kurz vor Ende der Ruhezeit für den Teig die Füllung zubereiten. Die Butter in einem Topf auslassen und nach und nach die Schokolade zum Schmelzen dazugeben.
5. Den Teig auf eine bemehlte Arbeitsfläche schlagen und noch einmal kräftig durchkneten. Ein Rechteck mit einer Größe von ca. 33 x 66 cm ausrollen.
6. Die Füllung auf dem Teig verteilen, an den Seiten jeweils ca. 5 cm frei lassen. Den Teig von der Längsseite aufrollen.
7. Die Ofenform etwas ausfetten.
8. Aus der Teigrolle Scheiben schneiden. Die Stücke sollten eine Dicke von 2-3 cm haben.
9. Die Scheiben mit etwas Luft in die Form legen. Die Kürbisschnecken mit einem feuchten Tuch abdecken und weitere 30 Minuten gehen lassen.
10. In der Wartezeit den Backofen auf 180 °C (Ober-/Unterhitze) vorheizen. Beim Vorheizen eine Schüssel mit Wasser in den Ofen stellen. Hefeteig gelingt besser in einem Ofen mit hoher Feuchtigkeit.
11. Die Schnecken innerhalb 20-25 Minuten goldgelb backen.
12. Die Zutaten für den Guss verrühren und diese über die lauwarmen Schnecken verteilen.

Tipp:

Die Kürbisschnecken können gut mit einer Vanillesoße und/oder etwas Obst, wie z. B. Birnen, serviert werden und schmecken auch kalt, als süßes Stück am Nachmittag.

Crème Brulée mit Pastinaken

Eine Crème Brulée ist so etwas wie die Königin der Desserts. Wenn die zarte Zuckerkruste zerbricht und der Löffel in die lockere Creme taucht, ist das höchster Genuss. Pastinaken sind ein verkanntes Wurzelgemüse und aufgrund ihrer Süße für die Zubereitung von Babybrei beliebt. Die Crème Brulée zeigt, wie erwachsen das Gemüse ist. Und da dieses besondere Dessert gemacht ist, um Gäste zu begeistern, ist das Rezept für 8 Portionen ausgelegt.

Perfekt dazu passen knusprige Haselnüsse.

Zubereitungszeit: ca. 45 Minuten.

Zutaten für 8 Crème-Brulée-Schälchen:

200 g Pastinaken
350 ml Milch, normale Fettgehaltstufe
125 g heller Zucker für die Crème // 350 ml Sahne // 8 Eigelb
für jedes Schälchen einen EL braunen Zucker zum Karamellisieren

Etwas Frischhaltefolie oder Butterbrotpapier zum Abdecken der Crème während des Abkühlens.

Für das Haselnuss-Topping:

100 g Haselnüsse
4 EL Ahornsirup
2 EL brauner Zucker
½ TL grobes Meersalz mit mildem Aroma

Zubereitung:

1. Die Haselnüsse in einer Pfanne ohne Fettzugabe rösten. Die Nüsse dabei immer etwas bewegen. Wenn sich ein feines Nussaroma entwickelt und die Haselnüsse eine schöne Bräunung haben, die Pfanne vom Herd nehmen. Die Haselnüsse grob hacken.
2. Backofen auf 220 °C (Umluft) vorheizen.
3. Den Zucker für die Nüsse zusammen mit dem Ahornsirup aufkochen und die Nüsse unterheben. Die Masse auf ein mit Backpapier ausgelegtes Blech streichen und für 7-8 Minuten backen. Die Nüsse noch warm mit dem Salz bestreuen und nach dem Abkühlen zerbröckeln.
4. Die Pastinaken für die Crème vorbereiten. Die Wurzeln schälen und in Würfel schneiden. Die Milch in einem Topf zum Kochen bringen und die Pastinaken in der Milch weichkochen. Nach ca. 15 Minuten die Pastinaken in der Milch sehr fein pürieren.
5. Eier trennen. Die Eigelbe in einer Schüssel mit dem hellen Zucker verrühren.
6. Die Sahne zur Pastinaken-Creme geben und die Masse aufkochen.

7. Die heiße Creme unter ständigem Rühren in die Eimasse geben. Dabei recht zügig arbeiten. Besonders feincremig wird die Masse, wenn sie danach durch ein feines Sieb gegossen wird.
8. Den Backofen vorheizen. Die Crème Brulée benötigt ziemlich exakt 90 °C (Umluft), um zu gelingen. Ein zusätzliches Thermometer kann bei der genauen Temperaturkontrolle helfen.
9. Die Masse für die Creme auf die 8 Schälchen verteilen und auf mittlerer Schiene für 60 Minuten garen.
10. Die Schälchen aus dem Ofen nehmen und mit Folie abdecken.
11. Vor dem Servieren Zucker auf die Creme streuen und diesen mit einem Brenner kurz abflammen. Die Nüsse dekorativ auf den Schälchen verteilen.

Saftiger Blechkuchen mit Zucchini und Mandeln

Dieser Kuchen ist ein einfacher Rührkuchen, der durch seine besonderen Zutaten eine außergewöhnliche Note bekommt. Die trockenen Zutaten werden anfangs getrennt von den nassen verarbeitet. Das sorgt für einen besonders saftigen und lockeren Teig, der sonst nur bei klassischen Muffin-Rezepten erreicht wird. Ein Blechkuchen ist immer ein guter Beitrag für das Frühstück im Büro oder als süße Nascherei beim Picknick.

Zubereitungszeit: ca.45 Minuten.

Zutaten für 1 Backblech:
1 Zucchini, mittlere Größe // 400 g Mehl, gesiebt
200 g geriebene Mandeln // 200 g brauner Zucker
125 ml neutrales Öl, z. B. Rapsöl oder Sonnenblumenöl // 150 ml Wasser
4 Eier in Größe M // 1 Pck. Vanillezucker
4 EL Kakaopulver, schwach entölt // 1 Pck. Backpulver
1 Prise Salz // 1 Bogen Backpapier

Zubereitung:

1. Die Zucchini auf einer feinen Reibe zu einer feinen Masse verarbeiten.
2. Zucker, Vanillezucker, Öl, Eier und Wasser in eine Rührschüssel geben und verquirlen. Dazu eignet sich ein Handrührgerät oder eine Küchenmaschine. Die Flüssigkeit erhält einen schaumigen Charakter. Die Zucchinimasse etwas ausdrücken und unter die Eierflüssigkeit heben.
3. Mehl und Backpulver sieben und mit dem Kakaopulver, den geriebenen Mandeln und dem Salz in einer zweiten Schüssel vermengen. Wenn gewünscht, jetzt Zimt mit einarbeiten. Backblech mit Backpapier auslegen. Den Backofen auf 180 °C vorheizen.
4. Die Zutaten aus beiden Schüsseln jetzt vermischen, dabei die Zucchinimasse unter die Mehlmischung heben. Den Teig auf das Backblech streichen und den Kuchen für 20 bis 30 Minuten backen. Mit einem Holzstäbchen prüfen, ob der Kuchen gar ist.

Tipp:

Für mehr Süße kann der Kuchen nach dem Auskühlen mit einem Zuckerguss überzogen werden. Dazu etwas Puderzucker mit Wasser verrühren und die Glasur mit einem Pinsel auftragen. Für Allergiker kann der Kuchen alternativ mit Dinkelmehl gebacken werden. Das Mandelaroma ist besonders intensiv, wenn die Mandeln frisch gemahlen wurden. Vegan wird der Kuchen durch den Ersatz der Eier durch Chiasamen. Hierzu 4 TL der Körner in 8 TL Wasser einrühren und etwas quellen lassen.

MENÜPLÄNE

Ein gemeinsames Essen mit Freunden oder der Familie gehört zu den schönsten Momenten, die eine Gemeinschaft besonders macht. Das Problem ist häufig, dass für die Gäste der Abend entspannt und fröhlich verläuft, während ihn der Koch oder die Köchin in der Küche verbringt. Leider kann eine Einladung schnell in eine stressige Situation hinauslaufen. Mit einer guten Planung kann der Abend für alle zum Genuss werden.

Überlegen Sie sich zuerst, wer zu den Gästen gehört. Arbeiten Sie gern mit Listen oder einer Mindmap, so ist das auch für die Planung des Menüs ein adäquates Mittel. Schreiben Sie die Namen ihrer Gäste auf und notieren Sie sich, ob ein Gast bestimmte Lebensmittel nicht verträgt. Notieren Sie sich auch, welche Getränke jemand bevorzugt, ob jemand noch mit dem Auto fährt oder lieber Wein oder Bier trinkt. Daraus ergibt sich, welche Getränke Sie im Haus haben sollten. Suchen Sie eine Menüfolge aus und entscheiden Sie sich nicht nach dem Prestige, sondern nach dem, was Sie gern Essen. Wählen Sie Gerichte, die Sie schon einmal gekocht haben. Erstellen Sie eine Liste mit den Haushaltsgeräten, die Sie für die Zubereitung benötigen. Das erspart das Suchen während des Kochens. Das bezieht Töpfe und Pfannen mit ein. Notieren Sie auch, welche Teller und welches Besteck Sie benötigen: Gabeln, Messer, Löffel und ggf. Dessertlöffel. Planen Sie eine Vorspeise und ein Dessert, welche die gleiche Teller- oder Schälchengröße benötigen, suchen Sie schon zeitig nach einer Alternative.

Notieren Sie sich zu jedem Gang, welche Teller und welches Besteck Sie benötigen, dann haben auch Sie einen stressfreien Abend. Schreiben Sie sich alle Zutaten auf, die Sie für das vollständige Menü benötigen. Sortieren Sie die Zutaten nach drei Gruppen:

1. Zutaten aus dem Vorrat (kontrollieren Sie Ihre Vorräte, um zu sehen, ob diese durch weitere Zutaten ergänzt werden müssen),

2. Zutaten, die eine Woche vorher eingekauft werden können, da sie eine längere Haltbarkeit haben,

3. Zutaten, die Sie erst 1-2 Tage vorher einkaufen können, da diese möglichst frisch verarbeitet werden müssen.

Schauen Sie sich die Rezepte genau an und wenn es die Möglichkeit gibt, etwas am Tag vorher vorzubereiten, dann ist es gut, das auch zu erledigen. Gemüse kann in der Regel schon vor dem Zubereiten geschält werden. Salatsoßen und Dips können schon einen Tag vorher zubereitet werden und haben so Zeit zum Durchziehen.

Frühlingsmenü für 8 Personen

Vorspeise:
Waldorfsalat mit Kohlrabi

Hauptgericht:
Grüner Spargel mit Kräutersoße und Ei

Dessert:
Milchreisauflauf mit Rhabarber

Zutaten für das Frühlingsmenü

Aus dem Vorrat:

Zucker, Salz, Pfeffer aus der Mühle, Honig, Puderzucker, Haushaltsessig, Olivenöl

Küchenutensilien:

Geschirrtücher, Waage und Messbecher, Schüsseln und Vorratsbehälter, Reibe, Brett und Messer, Sieb, Pürierstab und hohes Gefäß, großer Topf zum Eierkochen, Fettpfanne des Backofens, Topf für den Milchreis, Backformen für den Milchreis, Küchengarn

Einkaufsliste:

500g Baby-Spinat	24 Eier in Größe M
4 Kohlrabis	300 g Sahnejoghurt, Natur
4 Äpfel	1 l Milch mit 3,5% Fett
8 Bd. Grüner Spargel	200 g Walnusskerne
1 kg. Rhabarber frisch kaufen	350 ml weißer Balsamicoessig
200 g frische Kräuter	500 ml. Sonnenblumenöl
Extra Kräuter zum Dekorieren	250 ml Zitronensaft
2 Zitronen in Bio-Qualität	Baguette und Brot für den Salat und Spargel

Zeitplan:

1 Tag vorher:

1. Salatdressing vorbereiten: 300 g Joghurt, 200-250 ml Zitronensaft, Salz, Pfeffer und 4 TL Zucker verrühren. Eventuell etwas mehr Zucker verwenden. Das Dressing in ein Schraubglas füllen und in den Kühlschrank stellen.
2. Walnüsse grob hacken und in einen Vorratsbehälter füllen.
3. Soße für den Spargel: 500 ml Sonnenblumenöl, Balsamico-Essig, 40 g Honig, 200 g gemischte Kräuter, Salz und Pfeffer in einen hohen Rührbecher geben und mit einem Pürierstab zu einer Soße mixen, abdecken und im Kühlschrank aufbewahren.
4. Den Spargel küchenfertig vorbereiten, bundweise mit Küchengarn zusammenbinden und in ein feuchtes Küchentuch einschlagen und kühl aufbewahren.
5. Den Milchreisauflauf vorbereiten, aber noch nicht backen. Schön ist es, den Milchreis in
6. Ofenfeste Formen in Portionsgrößen vorzubereiten.

Vormittags am Tag der Feier:

1. Kohlrabis und Äpfel vorbereiten. Grob raspeln und vermischen. Zugedeckt im Kühlschrank aufbewahren.
2. Spinat waschen und abtropfen lassen. Bevor die Gäste kommen:
3. Kohlrabi und Äpfel mit dem Dressing mischen. Feldsalat auf Tellern anrichten und das Gemüse darauf drapieren.
4. Die Eier für die Spargelbeilage kochen und in der Schale in ein Küchenhandtuch einschlagen. Im warmen Kochtopf aufbewahren. Die Spargelstangen in die Fettpfanne des Backofens legen, mit Wasser bedecken und leicht salzen, 4 EL Olivenöl dazugeben.
5. Den Backofen auf 170 °C Umluft vorheizen.
6. Brot aufschneiden und auf den Tisch stellen.
7. Kräutersoße aufrühren und in kleine Schälchen füllen, separat zum Spargel reichen.
8. Walnüsse über den Salat streuen und servieren.

Nach der Vorspeise

1. Den Spargel in den Ofen schieben und für 5-10 Minuten garen.
2. Eier pellen, auf Tellern anrichten.
3. Spargel am Küchengarn aus dem Wasser nehmen, etwas abtropfen lassen und auf jeden Teller ein Bund legen.
4. Küchengarn entfernen. Eventuell mit Kräutern dekorieren und servieren. Brot dazu reichen.
5. Vor dem Essen den Milchreisauflauf in den Backofen schieben.
6. Den Milchreis vor dem Servieren mit Puderzucker bestäuben.
7. Zum Milchreis eventuell Kaffee reichen.

Sommermenü für 8 Personen

Vorspeise:
Kalte Gurkensuppe

Hauptgericht:
Überbackene Zucchini mit Gnocchi und Tomatensoße

Dessert:
Karotten-Quark-Creme

Zutaten für das Sommermenü:

Aus dem Vorrat:

Gemüsebrühe, Weißweinessig, Salz, Pfeffer aus der Mühle, Zucker, Olivenöl, Backpapier, Oregano und Basilikum

Küchenutensilien:

Sparschäler, Schneidebrett, verschiedene Messer, Löffel, Mixer, Behälter für die Suppe, Reibe, zwei Backbleche mit Backpapieren, Topf für die Gnocchi, Pürierstab

Einkaufsliste:

8 mittlere Zucchini, 300 g Karotten	2-3 Packungen frische Gnocchi
8 Tomaten + 1,5 kg sehr reife Tomaten für die Soße	800 g Crème fraîche
4 große Salatgurken	1000 g unterschiedliche Käsesorten zum Überbacken
5 Zwiebeln, Knoblauch	150 ml Milch mit 3,8% Fett
1 Bd. Schnittlauch, 2 Bd. Petersilie, 2 Bd. Kerbel	150 g Speisequark
Zusätzlich 1 Bd. Kräuter nach Wahl	2 Eier in Größe M
Brot als Beilage	1 Packung Amarettini (kleine Kekse mit Mandelgeschmack)

Zeitplan:

1 Tag vorher:

1. Alle Kräuter abspülen, trocknen und, je nach Verwendung, in Vorratstöpfe füllen, kühl aufbewahren.
2. Tomatensoße kochen: die reifen Tomaten, 1 Zwiebel, 2-3 Knoblauchzehen in Würfel schneiden. In einem Topf 4 EL Olivenöl erhitzen. Die Zutaten hineingeben. Basilikum, Oregano, Salz, Pfeffer und Zucker hinzufügen und für ca. 30 Minuten köcheln lassen. Pürieren und noch einmal abschmecken. Kühl stellen.

Vormittags am Tag der Feier:

1. Gurkensuppe vollständig vorbereiten und in einen Getränkekrug oder in Flaschen füllen und bis zum Servieren in den Kühlschrank stellen.
2. Zucchini, Zwiebel und Tomaten in Scheiben schneiden, Käse reiben und würfeln.
3. Amarettini in einer Schüssel mit einem Löffel etwas zerbröseln.
4. Karottenmasse für das Dessert vorbereiten, sodass nur noch Eischnee untergezogen werden muss. Ofenfeste Gläser für das Dessert mit etwas Öl auspinseln.

Bevor die Gäste kommen:

1. Zucchini auf das Backpapier legen und fertig belegen.
2. Brot aufschneiden und auf den Tisch stellen.
3. Backofen auf 175 °C vorheizen

Wenn die Gäste da sind:

1. Wasser für die Gnocchi aufsetzen.
2. Die Backbleche mit den Zucchini in den Ofen schieben.
3. Gurkensuppe in Schälchen oder Teller füllen und servieren.
4. Die Gnocchi kochen. Tomatensoße erhitzen.
5. Eischnee für das Dessert schlagen und unter die Karottencreme ziehen.
6. Gnocchi abgießen. Zucchinischeiben mit Gnocchi und Tomatensoße anrichten.
7. Über das Dessert Keksrümel streuen und servieren.

Herbstmenü für 8 Personen

Vorspeise:
Topinambur-Suppe mit Gemüsechips

Hauptspeise:
Penne mit Romanesco und Radicchio

Dessert:
Blechkuchen mit Zucchini und Vanillejoghurt

Zutaten für das Herbstmenü:

Aus dem Vorrat:

Olivenöl, Lorbeerblätter, Muskatnuss, Salz, Pfeffer aus der Mühle, Mehl, brauner Zucker, Pflanzenöl, Öl zum frittieren, Backpulver, Gemüsebrühe

Küchenutensilien:

Messer, Schneidebrett, Reibe, Pürierstab, zwei große Bratpfannen, Topf für die Nudeln, Backblech, Backpapier, Topf zum Frittieren, Schaumkelle, Papier zum Abtropfen der Chips

Einkaufsliste:

2,5 kg Topinamburknollen	1 kg Penne oder andere kurze Nudeln
1 kg Lauch mit Grün	500 g Parmesan
3-4 Romanesco-Köpfe	200 g Walnüsse
2 Köpfe Radicchio	200 g geriebene Mandeln
1 Zucchini	4 Eier in Größe M
Knoblauch	1 kg Sahnejoghurg
Brot als Beilage	1 Vanilleschote

Zeitplan:

1 Tag vorher:

1. Die Topinambur-Suppe aus 1,5 kg der Knollen vollständig zubereiten.
2. Die Nudeln nach Packungsanweisung zubereiten und im Kühlschrank aufbewahren.
3. Walnusskerne grob hacken und in einen Vorratsbehälter füllen.
4. Knoblauch pellen.
5. Vormittags am Tag der Feier:
6. Zucchinikuchen backen.
7. Vanilleschote auskratzen und mit etwas Zucker mit dem Joghurt verrühren und im Kühlschrank durchziehen lassen.
8. Romanesco und Radicchio so weit vorbereiten, dass das Nudelgericht nur noch in der Pfanne gebraten werden muss.
9. Parmesan reiben.
10. Die restlichen Topinamburknollen schälen und in dünne Scheiben hobeln.

Bevor die Gäste kommen:

1. Die Zutaten für das Hauptgericht in zwei Portionen an den Herd stellen.
2. Öl in einem kleinen Topf erhitzen und die Topinamburscheiben knusprig frittieren. Aus dem Fett nehmen und bis zum Servieren auf Papier legen.
3. Suppe aufkochen.
4. Brot auf den Tisch stellen.

Wenn die Gäste da sind:

1. Suppe in Schälchen füllen und mit Chips servieren.
2. Für die Hauptmahlzeit die Hälfte der Zutaten auf zwei große Pfannen aufteilen und die Nudeln mit dem Gemüse und etwas Gemüsebrühe anbraten. Alternativ die Nudeln nacheinander zubereiten und die erste Portion im Backofen warmhalten.
3. Nudeln servieren und den Parmesan dazu servieren.

Wintermenü für 8 Personen

Vorspeise:
Schwarzwurzeln auf Feldsalat

Hauptgericht:
Spaghetti mit Grünkohl

Dessert:
Feine Rote Grütze aus Rote Beete

Zutaten für das Wintermenü:

Aus dem Vorrat:

Essig-Essenz, Mehl, Gemüsebrühe, Salz, Pfeffer aus der Mühle, Zucker oder Honig, Öl, Olivenöl

Küchenutensilien:

Schneidbrett, Messer, Küchenhandschuhe, Haarsieb oder „Flotte Lotte“, zwei große Pfannen, Reibe, großer Topf, Gläser für das Dessert, Handrührgerät mit Quirl

Einkaufsliste:

600 g Grünkohlblätter	1 kg Spaghetti
400 g Rote Beete	500 g Parmesan
200 g Feldsalat	500 ml Sahne
3-4 Möhren	200 g Walnüsse
2 Bd. Schwarzwurzeln	160 g gehobelte Mandeln
Petersilie, Knoblauch	80 g Perl-Sago aus Tapiokastärke
4 Zitronen in Bio-Qualität	1 Vanilleschote
Brot als Beilage	50 ml weißer Balsamico-Essig

Zeitplan:

1 Tag vorher:

1. Schwarzwurzeln vorbereiten, dass sie als Salatzugabe fertig sind, kühl stellen.
2. Dressing für den Salat anrühren.
3. Rote Grütze vorbereiten, in Portionsschalen füllen, kühl stellen.
4. Spaghetti nach Packungsanleitung zubereiten.
5. Walnüsse grob hacken. Petersilie küchenfertig vorbereiten und fein hacken.

Vormittags am Tag der Feier:

1. Möhren putzen.
2. Schwarzwurzeln und Möhren mit dem Dressing vermengen.
3. Grünkohl waschen und grob hacken.
4. Knoblauch pellen. Feldsalat waschen und abtropfen lassen.
5. Parmesan reiben.

Bevor die Gäste kommen:

1. Zutaten für die Spaghetti in zwei Portionen am Herd parat stellen.
2. Feldsalat auf Tellern anrichten, mariniertes Gemüse darauf drapieren und mit den Walnüssen bestreuen.
3. Vanilleschote auskratzen und mit etwas Zucker zur Sahne geben und steif schlagen, kühl stellen.
4. Brot auf den Tisch stellen.

Wenn die Gäste da sind:

1. Feldsalat servieren.
2. Zutaten für die Spaghetti in zwei Pfannen anbraten und mit dem Nudeln vermengen.
3. Auf Tellern anrichten und mit dem Parmesan servieren.
4. - Die Rote Grütze mit Sahne dekorieren und servieren.

BONUS

Rezept

REZEPT-TITEL	QUELLE

GRUNDREZEPT

GRUNDREZEPT	GRUNDREZEPT	ANMERKUNGEN	NOTE
			/10
			/10
			/10

ANMERKUNGEN	VERBESSERUNGSVORSCHLÄGE

REZEPTE ZUM AUSPROBIEREN	QUELLE	QUELLE	ANMERKUNG

TEXTUR	GESCHMACK	AROMA

MÖGLICHE INGREDIENZIEN

SUBTILE AROMEN

ZUSAMMENFASSUNG

WIEDER ESSEN / BEREIT ZU VERSUCHEN

Rezept

REZEPT-TITEL	QUELLE

GRUNDREZEPT

GRUNDREZEPT	GRUNDREZEPT	ANMERKUNGEN	NOTE
			/10
			/10
			/10

ANMERKUNGEN	VERBESSERUNGSVORSCHLÄGE

REZEPTE ZUM AUSPROBIEREN	QUELLE	QUELLE	ANMERKUNG

TEXTUR

GESCHMACK

AROMA

SUBTILE AROMEN

MÖGLICHE INGREDIENZIEN

ZUSAMMENFASSUNG

WIEDER ESSEN / BEREIT ZU VERSUCHEN

Rezept

REZEPT-TITEL	QUELLE

GRUNDREZEPT

GRUNDREZEPT	GRUNDREZEPT	ANMERKUNGEN	NOTE
			/10
			/10
			/10

ANMERKUNGEN	VERBESSERUNGSVORSCHLÄGE

REZEPTE ZUM AUSPROBIEREN	QUELLE	QUELLE	ANMERKUNG

TEXTUR

GESCHMACK

AROMA

SUBTILE AROMEN

MÖGLICHE INGREDIENZIEN

ZUSAMMENFASSUNG

WIEDER ESSEN / BEREIT ZU VERSUCHEN

Rezept

REZEPT-TITEL	QUELLE

GRUNDREZEPT

GRUNDREZEPT	GRUNDREZEPT	ANMERKUNGEN	NOTE
			/10
			/10
			/10

ANMERKUNGEN	VERBESSERUNGSVORSCHLÄGE

REZEPTE ZUM AUSPROBIEREN	QUELLE	QUELLE	ANMERKUNG

TEXTUR	GESCHMACK	AROMA

MÖGLICHE INGREDIENZIEN	SUBTILE AROMEN

ZUSAMMENFASSUNG	WIEDER ESSEN / BEREIT ZU VERSUCHEN

Rezept

REZEPT-TITEL	QUELLE

GRUNDREZEPT

GRUNDREZEPT	GRUNDREZEPT	ANMERKUNGEN	NOTE
			/10
			/10
			/10

ANMERKUNGEN	VERBESSERUNGSVORSCHLÄGE

REZEPTE ZUM AUSPROBIEREN	QUELLE	QUELLE	ANMERKUNG

TEXTUR	GESCHMACK	AROMA

MÖGLICHE INGREDIENZIEN

SUBTILE AROMEN

ZUSAMMENFASSUNG

WIEDER ESSEN / BEREIT ZU VERSUCHEN

Rezept

REZEPT-TITEL	QUELLE

GRUNDREZEPT

GRUNDREZEPT	GRUNDREZEPT	ANMERKUNGEN	NOTE
			/10
			/10
			/10

ANMERKUNGEN	VERBESSERUNGSVORSCHLÄGE

REZEPTE ZUM AUSPROBIEREN	QUELLE	QUELLE	ANMERKUNG

TEXTUR	GESCHMACK	AROMA

SUBTILE AROMEN

MÖGLICHE INGREDIENZIEN

ZUSAMMENFASSUNG	WIEDER ESSEN / BEREIT ZU VERSUCHEN

Rezept

REZEPT-TITEL	QUELLE

GRUNDREZEPT

GRUNDREZEPT	GRUNDREZEPT	ANMERKUNGEN	NOTE
			/10
			/10
			/10

ANMERKUNGEN	VERBESSERUNGSVORSCHLÄGE

REZEPTE ZUM AUSPROBIEREN	QUELLE	QUELLE	ANMERKUNG

TEXTUR	GESCHMACK	AROMA

MÖGLICHE INGREDIENZIEN

SUBTILE AROMEN

ZUSAMMENFASSUNG

WIEDER ESSEN / BEREIT ZU VERSUCHEN

Rezept

REZEPT-TITEL	QUELLE

GRUNDREZEPT

GRUNDREZEPT	GRUNDREZEPT	ANMERKUNGEN	NOTE
			/10
			/10
			/10

ANMERKUNGEN	VERBESSERUNGSVORSCHLÄGE

REZEPTE ZUM AUSPROBIEREN	QUELLE	QUELLE	ANMERKUNG

TEXTUR	GESCHMACK	AROMA

SUBTILE AROMEN

MÖGLICHE INGREDIENZIEN

ZUSAMMENFASSUNG	WIEDER ESSEN / BEREIT ZU VERSUCHEN

Rezept

REZEPT-TITEL	QUELLE

GRUNDREZEPT

GRUNDREZEPT	GRUNDREZEPT	ANMERKUNGEN	NOTE
			/10
			/10
			/10

ANMERKUNGEN	VERBESSERUNGSVORSCHLÄGE

REZEPTE ZUM AUSPROBIEREN	QUELLE	QUELLE	ANMERKUNG

TEXTUR

GESCHMACK

AROMA

SUBTILE AROMEN

MÖGLICHE INGREDIENZIEN

ZUSAMMENFASSUNG

WIEDER ESSEN / BEREIT ZU VERSUCHEN

Rezept

REZEPT-TITEL	QUELLE

GRUNDREZEPT

GRUNDREZEPT	GRUNDREZEPT	ANMERKUNGEN	NOTE
			/10
			/10
			/10

ANMERKUNGEN	VERBESSERUNGSVORSCHLÄGE

REZEPTE ZUM AUSPROBIEREN	QUELLE	QUELLE	ANMERKUNG

TEXTUR	GESCHMACK	AROMA

SUBTILE AROMEN

MÖGLICHE INGREDIENZIEN

ZUSAMMENFASSUNG	WIEDER ESSEN / BEREIT ZU VERSUCHEN

Rezept

REZEPT-TITEL	QUELLE

GRUNDREZEPT

GRUNDREZEPT	GRUNDREZEPT	ANMERKUNGEN	NOTE
			/10
			/10
			/10

ANMERKUNGEN	VERBESSERUNGSVORSCHLÄGE

REZEPTE ZUM AUSPROBIEREN	QUELLE	QUELLE	ANMERKUNG

TEXTUR

GESCHMACK

AROMA

SUBTILE AROMEN

MÖGLICHE INGREDIENZIEN

ZUSAMMENFASSUNG

WIEDER ESSEN / BEREIT ZU VERSUCHEN

Rezept

REZEPT-TITEL	QUELLE

GRUNDREZEPT

GRUNDREZEPT	GRUNDREZEPT	ANMERKUNGEN	NOTE
			/10
			/10
			/10

ANMERKUNGEN	VERBESSERUNGSVORSCHLÄGE

REZEPTE ZUM AUSPROBIEREN	QUELLE	QUELLE	ANMERKUNG

TEXTUR	GESCHMACK	AROMA

MÖGLICHE INGREDIENZIEN

SUBTILE AROMEN

ZUSAMMENFASSUNG	WIEDER ESSEN / BEREIT ZU VERSUCHEN

Rezept

REZEPT-TITEL	QUELLE

GRUNDREZEPT

GRUNDREZEPT	GRUNDREZEPT	ANMERKUNGEN	NOTE
			/10
			/10
			/10

ANMERKUNGEN	VERBESSERUNGSVORSCHLÄGE

REZEPTE ZUM AUSPROBIEREN	QUELLE	QUELLE	ANMERKUNG

TEXTUR

GESCHMACK

AROMA

SUBTILE AROMEN

MÖGLICHE INGREDIENZIEN

ZUSAMMENFASSUNG

WIEDER ESSEN / BEREIT ZU VERSUCHEN

Rezept

REZEPT-TITEL	QUELLE

GRUNDREZEPT

GRUNDREZEPT	GRUNDREZEPT	ANMERKUNGEN	NOTE
			/10
			/10
			/10

ANMERKUNGEN	VERBESSERUNGSVORSCHLÄGE

REZEPTE ZUM AUSPROBIEREN	QUELLE	QUELLE	ANMERKUNG

TEXTUR

GESCHMACK

AROMA

SUBTILE AROMEN

MÖGLICHE INGREDIENZIEN

ZUSAMMENFASSUNG

WIEDER ESSEN / BEREIT ZU VERSUCHEN

Rezept

REZEPT-TITEL	QUELLE

GRUNDREZEPT

GRUNDREZEPT	GRUNDREZEPT	ANMERKUNGEN	NOTE
			/10
			/10
			/10

ANMERKUNGEN	VERBESSERUNGSVORSCHLÄGE

REZEPTE ZUM AUSPROBIEREN	QUELLE	QUELLE	ANMERKUNG

TEXTUR

GESCHMACK

AROMA

SUBTILE AROMEN

MÖGLICHE INGREDIENZIEN

ZUSAMMENFASSUNG

WIEDER ESSEN / BEREIT ZU VERSUCHEN

Rezept

REZEPT-TITEL	QUELLE

GRUNDREZEPT

GRUNDREZEPT	GRUNDREZEPT	ANMERKUNGEN	NOTE
			/10
			/10
			/10

ANMERKUNGEN	VERBESSERUNGSVORSCHLÄGE

REZEPTE ZUM AUSPROBIEREN	QUELLE	QUELLE	ANMERKUNG

TEXTUR

GESCHMACK

AROMA

SUBTILE AROMEN

MÖGLICHE INGREDIENZIEN

ZUSAMMENFASSUNG

WIEDER ESSEN / BEREIT ZU VERSUCHEN

Rezept

REZEPT-TITEL	QUELLE

GRUNDREZEPT

GRUNDREZEPT	GRUNDREZEPT	ANMERKUNGEN	NOTE
			/10
			/10
			/10

ANMERKUNGEN	VERBESSERUNGSVORSCHLÄGE

REZEPTE ZUM AUSPROBIEREN	QUELLE	QUELLE	ANMERKUNG

TEXTUR	GESCHMACK	AROMA

SUBTILE AROMEN

MÖGLICHE INGREDIENZIEN

ZUSAMMENFASSUNG

WIEDER ESSEN / BEREIT ZU VERSUCHEN

Rezept

REZEPT-TITEL

QUELLE

GRUNDREZEPT

GRUNDREZEPT	GRUNDREZEPT	ANMERKUNGEN	NOTE
			/10
			/10
			/10

ANMERKUNGEN

VERBESSERUNGSVORSCHLÄGE

REZEPTE ZUM AUSPROBIEREN	QUELLE	QUELLE	ANMERKUNG

TEXTUR

GESCHMACK

AROMA

SUBTILE AROMEN

MÖGLICHE INGREDIENZIEN

ZUSAMMENFASSUNG

WIEDER ESSEN / BEREIT ZU VERSUCHEN

Danke!!

An dieser Stelle bedanke ich mich bei Ihnen für den Kauf dieses Gemüse-Kochbuchs und hoffe, dass Sie bereits einige Rezepte ausprobieren und verkosten konnten.

Vielleicht haben Sie sogar schon einen der Smoothies in Ihren Alltag integriert, oder einen der Menüpläne getestet.

In jedem Fall hoffe ich, dass ich Ihnen eine Freude machen konnte.

Feedback

Für Feedback zum Kochbuch, Rückfragen zu den Rezepten, Hinweise auf Fehler sowie Verbesserungsvorschläge erreichen Sie mich unter gemuesebibel@gmail.com.

Ich freue mich über Ihre Nachricht!

Rezension

.... **und falls Sie Zeit haben freue ich mich über Ihre Rezension auf** www.amazon.de.

Dafür bedanke ich mich bereits im Voraus!

Herzlichst,

Mag. (FH) Verena Boeheim
Certified Holistic Health Coach

Rezeptbuch

Die leeren Rezepte-Seiten zum Notieren von Testergebnissen oder zum Aufschreiben von eigenen Rezepten wurden meinem Rezeptebuch „Alles Gemüse“ entnommen.

Gefallen Ihnen diese Seiten?

Das Rezepte-Journal hat insgesamt 120 Seiten und ist ebenfalls auf www.amazon.de erhältlich:

Ausbildungen

*Hinweis auf meine Ausbildungen**

Sollten Sie durch mein Vorwort neugierig geworden sein, finden Sie nachstehend die Links zu jenen Ausbildungen die wesentlich zur Verwirklichung dieses Kochbuchs beigetragen haben:

1. Institute for Integrative Nutrition – Ausbildung zum Holistic Health Coach
2. Phil Schartner Academy – eBook Smart Start Kurs
3. Jens Neubeck – Die Amazon Kindle Strategie

* Bei den o.a. Links handelt es sich um Affiliate-Links und ich erhalte beim Kauf eine Provision.

Haftungsausschluss

Dieses Buch enthält Meinungen und Ideen des Autors und hat die Absicht, Menschen hilfreiches und informatives Wissen zu vermitteln. Die enthaltenen Strategien passen möglicherweise nicht zu jedem Leser, und es gibt keine Garantie dafür, dass sie auch wirklich bei jedem funktionieren. Die Benutzung dieses Buchs und die Umsetzung der darin enthaltenen Informationen erfolgt ausdrücklich auf eigenes Risiko. Haftungsansprüche gegen den Autor für Schäden materieller oder ideeller Art, die durch die Nutzung oder Nichtnutzung der Informationen bzw. durch die Nutzung fehlerhafter und/oder unvollständiger Informationen verursacht wurden, sind ausdrücklich ausgeschlossen. Das Werk, inklusive aller Inhalte, gewährt keine Garantie oder Gewähr für Aktualität, Korrektheit, Vollständigkeit und Qualität der bereitgestellten Informationen. Druckfehler und Fehlinformationen können nicht vollständig ausgeschlossen werden.

Impressum

1. Auflage

Kontakt:

Mag. (FH) Verena Boeheim, Haslach 43, 8413 Ragnitz, Österreich

Covergestaltung & Satzarbeit: Wolkenart, Marie-Katharina Wölk, www.wolkenart.com

Printed in Germany
by Amazon Distribution
GmbH, Leipzig

16169668R00108